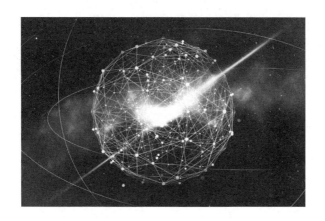

安桂清◎著

课例研究
Lesson Study

华东师范大学出版社
·上海·

图书在版编目(CIP)数据

课例研究/安桂清著. —上海:华东师范大学出版社,2018
ISBN 978-7-5675-8511-9

Ⅰ.①课… Ⅱ.①安… Ⅲ.①课程-教学研究
Ⅳ.①G423.04

中国版本图书馆 CIP 数据核字(2018)第 256441 号

课例研究

著　　者　安桂清
策划编辑　彭呈军
审读编辑　梁红京
装帧设计　卢晓红

出版发行　华东师范大学出版社
社　　址　上海市中山北路 3663 号　邮编 200062
网　　址　www.ecnupress.com.cn
电　　话　021-60821666　行政传真 021-62572105
客服电话　021-62865537　门市(邮购)电话 021-62869887
地　　址　上海市中山北路 3663 号华东师范大学校内先锋路口
网　　店　http://hdsdcbs.tmall.com

印　刷　者　杭州日报报业集团盛元印务有限公司
开　　本　787 毫米×1092 毫米　1/16
印　　张　11.75
字　　数　195 千字
版　　次　2018 年 12 月第 1 版
印　　次　2025 年 4 月第 10 次
书　　号　ISBN 978-7-5675-8511-9/G·11620
定　　价　32.00 元

出版人　王　焰

(如发现本版图书有印订质量问题,请寄回本社客服中心调换或电话 021-62865537 联系)

教育部人文社会科学研究青年基金项目

"课例研究的国际比较"(10YJC880001)

研究成果

教育部人文社会科学重点研究基地

华东师范大学课程与教学研究所

研究成果

目　录

引言

一、课例研究：教学变革时代的选择

最近十年，在由 PISA、TIMSS 等国际大规模测验所引领的提升学生学习质量的全球性运动中，课例研究在改进教师课堂教学方面的卓越效能备受世界各国瞩目。许多国家和地区都将其视为促进教学变革的强大工具予以重视。一些教育改革研究专家也强调，课堂层面最有效的改革所采用的模式应当是：作为合作学习共同体的教师小组聚焦于日常教学的改进，即课例研究模式[①]。

世界范围内对课例研究的关注始于对"远离教学的变革运动"的反思。1999 年，施蒂格勒(Stigler，J.)和希伯特(Hiebart，J.)基于 TIMSS 测验的结果，在对美国、日本和德国八年级数学教学的录像进行对比分析的基础上，比较了美、日在推进教学变革时所采取的不同路径[②]。美国的教育变革运动往往避免直接聚焦于教学，即使是专门针对教师教学实践改善的努力，比如国家数学教师委员会(NCTM)旨在改进数学课堂教学的努力也通常采取如下的变革路径：专家们被召集起来回顾该专业的研究和经验，形成变革的建议，而后将这些建议写入文件(如数学教学专业标准)并进行广泛的传播。这种"研究、开发与传播"的变革模式被称之为"远离教学的变革运动"，因为它人为制造了理论与实践、研究者与教师之间的分离与鸿沟，这种"排斥教师的"变革模式导致变革的愿景在教育实践情境中很难被理想地付诸实施。相对于美国、日本等东亚国家则采取了极为不同的变革机制。日本赋予教师课堂实践改进的首要责任，通

---

① Stewart，R. A. & Brendefur，J. L. (2005). Fusing Lesson Study and Authentic Achievement：Model For Teacher Collaboration. Phi Delta Kappan，86(9)：681 – 687.

② Stigler，J. W. & Hiebert，J. (1999). The Teaching Gap：Best Ideas from the World's Teachers for Improving Education in the Classroom. New York：The Free Press，103 – 112.

过课例研究建构了一个持续的、渐进的实施教学改进的系统。参与校本专业发展小组的课例研究活动被认为是教师工作的一部分。一旦开始从教，日本教师便开始从事课例研究这一课堂本位的专业发展活动。在课例研究中，教师小组在一段较长的时间内（从几个月到一年不等）定期碰面，共同设计、实施、检讨和改进一个或几个"研究课"。相对于美国的"远离教学的变革运动"，日本的教学变革被称之为"在教学中的变革运动"。

"远离教学的变革运动"秉承教学作为一种单一技能的观点，忽略了教学作为一种文化活动的事实。倘若教学是一种非文化的活动，那么教师通过研究书面建议和记忆教学技能来学习教学或许就会有预期的效果。但现实是教学是一种文化活动，其展开依赖于在长期的教学实践中所形成的关于学科、关于学生是怎样学习的，以及关于教师在课堂上应当扮演的角色等的传统信念和假设。即使教师在课堂中的实践表现出了各类文件所宣称的"好的教学"的特征，但多数情况下这些教学特征由于缺乏指引很容易被误解，教师事实上只是以肤浅的方式使教学与文件中的建议保持一致。更何况，文化变革总是缓慢的，我们总有"持续地变革，但却少有真正的改变"这类感觉即是明证，因此仅仅依据教师是否执行改革文件中的建议作为变革是否成功的标准是以手段代替目的的做法，甚至在某些情况下改革的建议可能使教学的质量更糟糕。因为在把注意力转向追求自己的教学活动要与"好的教学"的特征相一致时，教师的努力往往远离了学生学习的重要目标。显然，单纯地依靠教师执行改革文件的建议实现教学改进是困难的。教学改进还需要其他的支撑条件。西方"优质教学"（Quality Teaching）理论支持了这一结论。"优质教学"理论强调教师品质与教学品质不能划等号，想让学生的学习品质又好又成功，必须有四个条件来配合[①]：（1）学习者的意愿和努力；（2）教学和学习的社会性支持；（3）教学与学习的机会；（4）良好教学。很明显，纵使有能实施良好教学的教师，没有其他条件的支撑也很难使学生成功地实现学习目标。所以，在"远离教学的变革运动"中，那种认为只要招募优秀的教师就可以一劳永逸地实现教学改进的愿望过于理想化了。"真实的问题存在于教学之中，而不是教师身上，存在于帮助教师改进他们教学的可获得的资源的缺乏"，[②]施蒂格勒和希伯特提醒道。随后他们从"专业化"的角度建议教学变革的着力点要从"教师专业化"转向"教学专业化"。

---

① Fenstermacher, G. & Richardson, V. (2005). On Making Determinations of Quality in Teaching. Teachers College Record, 107(1): 186-213.

② Stigler, J. W. & Hiebert, J. (1999). The Teaching Gap: Best Ideas from the World's Teachers for Improving Education in the Classroom. New York: The Free Press, 172.

"专业并非由证书和文凭所创造,而是由专业知识、改进专业知识的机制和由专业成员改进他们实践的真实期望所共同创造的实体性存在。"①据此,解决教学改进问题的焦点不是对教师的专业化担忧,而是要找到一种能够发展教师专业知识和提供教师学习如何教学的机会的机制。很明显,东亚国家广泛践行的课例研究就是这样一种机制。从这个意义上说,课例研究一开始就是作为教学变革的方法论获得推展的。作为变革的方法论,课例研究超越了某些学者对其所做的定位:一种校本的教师在职培训方式②、一个综合的教师学习体系③等。

二、课例研究:教学研究范式转换的结果

课例研究是教学研究的一种重要方式,对课例研究所隶属的教学研究范式的考察,可以帮助教师确立课例研究的基本信念。近半个世纪以来,教学研究发生了重要的范式转换。虽然不同的学者对转换的研究范式有不同的表述,但各种表述中却蕴含着内在的一致性。

日本东京大学的佐藤学教授曾用黑匣子、玻璃盒和潘多拉盒三种隐喻来概括教学研究的基本范式。④ 视课堂为"黑匣子"的教学研究以定量的方法探讨教学过程中的诸要素之功能的因果关系。视课堂为"玻璃盒"的教学研究则如透过玻璃窗观察作业场一般,希望运用基于课堂观察的质性研究来求得教学过程的理论解读。然而,无论是"黑匣子"还是"玻璃盒",研究人员都抱有一种信念,教学是合乎法则的,教学研究就是求得教学的科学化与教学技术的合理性解释。以这种认识为前提,教学研究者并未真正打开"黑匣子"和"玻璃盒",亲自走进课堂,去钻研师生直面的具体的实践课题,以至于"教学研究"与"教学实践"的关系日渐紧张与疏远,甚至出现"教学研究繁荣,课堂教学衰败"的讽刺性现象。"潘多拉盒"是一个一旦打开一切灾难将逃逸出来,最后只剩下"希望"的魔盒。以之为隐喻的教学研究指的是,研究者亲临课堂,直面课堂事实

① Stigler, J. W. & Hiebert, J. (1999). The Teaching Gap: Best Ideas from the World's Teachers for Improving Education in the Classroom. New York: The Free Press, 171.

② Arani, M. R. S. School-Based In-Service Teacher Training in Japan: Perspectives on Teachers' Professional Development [A]. The 11th Annual Meeting of the World Congress of Comparative Education Societies[C]. Cheongiv, Korea, July 2 - 6, 2001.

③ Lewis, C. C. (2006). Lesson Study in North America: Progress and Challenges. In Matoba, M. et al. (Eds.). Lesson study: International Perspective on Policy and Practice. Beijing: Educational Science Publishing House, 24.

④ [日]佐藤学. 课程与教师[M]. 钟启泉译. 北京:教育科学出版社,2003:218.

的复杂性与丰富性,直面教师实践的难度与可能性,在复杂的混沌中,满怀"希望"地求得实践性问题的解决。"潘多拉盒"的隐喻开启了一条新的教学研究之路,这条道路告诚我们:教学研究唯有扎根于课堂实践才有"希望"可言。

美国学者科查伦-史密斯(Cochrane-Smith,M.)与利特尔(Lytle,S.)为理解"教师作为研究者"的概念,设定了教学研究的两种范式。一种范式是"过程—产出"范式,这种范式假定教学是一种线性活动,教师的行为是原因,而学生的学习则是结果,教学研究就是探求教师教学行为和学生学习成就之间的关系。显然,这种范式与上述把课堂视为"黑匣子"和"玻璃盒"的教学研究如出一辙。他们假定教师的行动优先于他们作为实践者的判断,以至于教师的行为被孤立地复制。科查伦-史密斯与利特尔批判该模式仍把教师视为是"无形的",从而限制了教师在知识生产中的角色。他们写道:"所失去的是教师自己的声音,教师所问的问题和教师用以理解和改善他们的教学实践的理解结构。"[1]这样一种范式把教师的角色仅仅预想为一个技工。同教师的这种"技工"角色相对应,还有另一种可供选择的范式,科查伦-史密斯与利特尔称其为"教师研究范式"。该范式把教师预想为一个研究者,通过对实践中所产生的问题进行解释性的研究,教师理解了其教学所具有的情境性、高复杂性和交互性特征。这种研究重视呈现描述学校和教室中所发生事件的尽可能丰富的记录,从这些记录中,人们可以洞察教学对所涉及的参与者的意义。

迈厄斯(Myers,M.)则区分了三类教学研究人员:理性主义者(Rationalist)、实证主义者(Positivist)和情境主义者(Contextualist)。在他看来,"实证主义者"的研究所践履的即是科查伦-史密斯与利特尔所提到的"过程—产出范式"。而理性主义者则受理性主义的规约,注重概念演绎和逻辑推理,专注于寻求所谓的"教学的本质"。与上述两者不同,情境主义者则倡导采用民族志的研究方法,依靠参与者的洞察与直觉透视可见的现象,记述和分析课堂教学的真实面貌。与实验科学寻求教师行为的法则不同,民族志是一门对意义做出解释的学问。情境主义者的教学研究把教学视为一种社会文化现象,试图寻求在教学这一历史事件具体情境中的师生所建构的意义何在。迈厄斯进一步指出,情境主义者的教学研究实质上是教师从事"塑造他们实践的理论的开发、评价和修订"的一种方式。[2]

---

① Cochrane-Smith,M. & Lytle,S. (1993). Inside/Outside:Teacher Research and Knowledge. New York:Teacher's College Press,7.

② Myers,M. (1985). The Teacher-researcher:How to Study Writing in the Classroom. Urbana,IL: National Council of Teachers of English,149.

换句话说,情境主义者的研究不是"田野—验证的研究"(Field-testing Research),而是"田野—制造的研究"(Field-making Research)。它着力记录教师的日常工作,即使教师获得的是权威人士的教学言论,它照样鼓励教师悬置自己的判断,从多元的视点出发理解教学,获得一种对多样化的力量的觉醒,并且意识到多样化是共同体发展的源泉。

以西方教学研究范式的转换为参照,教学研究的发展一方面需要走出理性推演的思维框架,即从认识论出发演绎教学的本质,而后依次推演出教学的目的、任务、过程、原则和方法等范畴。另一方面亦应理性地看待以实验心理学、教育心理学为基础谋求教学科学化的诱惑,期待在教学领域获得可以一劳永逸从事教学的普遍规律,这种心理用美国著名的教育学者吉鲁的话说,"这不仅是在等待一列永远不会到来的火车,而且连车站也完全搞错了"。[①] 对教学研究而言,从传统范式的紧箍咒下解放出来,坚定地走入田野,直面教学的现实性和复杂性就成为历史发展的必然。课例研究作为广大中小学教师应积极践行的一种教学研究方式,致力于回到每一个真实的课堂,勇敢面对教学的情境化挑战,求得教学的实践逻辑,因而很好地因应了新的教学研究范式的诉求。更确切地说,教学研究范式的转换推动了课例研究这一教学研究方式的繁荣。

三、课例研究:教学与研究一体化的表征

回顾教学研究的历史,无论是解释性的课堂研究还是"过程—产出"性的课堂研究都没有突出教师在教学知识生产中的角色[②]。这在一定程度上造成了教师和教学研究人员的隔离与对立。通过"对教学的研究"生产"关于教学的知识"的学院派研究人员,在面对衰败的课堂现实时往往责怪教师没有阅读和实施这些研究结果,而处于教学情境中的教师常常发现这些知识是无关紧要和违反直觉的,面对研究人员的指责,亦会立刻理直气壮地要求"你来上上看"。结果自然是相互攻讦,两败俱伤。虽然有一部分研究是由专门的教学研究人员和中小学教师合作开展的,但这种合作依然是按照专门研究人员制订的框架进行的,教师的观点往往受到研究人员的视角的协调。

---

① Giroux, H. A., Penna, A. N. & Pinar, W. F. (Eds.) (1981). Curriculum & Instruction. Berkley: McCutchan, 99.

② Cochrane-Smith, M. and Lytle, S. L. (1990). Research on Teaching and Teacher Research: The Issues That Divide. Educational Researcher, 19(2): 2-11.

事实上,早在 20 世纪初,杜威(Dewey, J.)就提出,教师必须学会用自己的思想和理智去行动。他强调教师反思自己的实践并将自己的观察整合进新的教育理论的重要性。[1] 他呼吁中小学教师既要做教学知识的生产者,又要做教学知识的消费者;既是课堂生活中的教师,亦是课堂生活中的学生。杜威的"教师是学习中的学生"的观点预示着教师作为反思性实践者的观念的萌生。20 世纪 50、60 年代,随着"行动研究"概念的提出和扩展,有的研究者主张学校可以被组织成研究的中心,在教育领域中积极生产知识。[2] 之后,许多专业研究人员和教师合作的行动研究不仅提升了学校和课堂的实践,也为教学知识的研究本身作出了贡献。到 20 世纪 70、80 年代,斯腾豪斯(Stenhouse, L.)于 1973 年明确提出了"教师即研究者"的口号,鼓励教师密切参与研究过程。斯腾豪斯的观点是激进的,他认为研究是教师解放的路径。20 世纪 80 年代,舍恩(Schon, D. A.)从专业化的角度,将教学实践描述为一个形成和探索由教师自己确定的问题的智力过程。依照舍恩的观点,专业实践与专业研究是融为一体的,教学即教师从事研究的过程。在实践领域,卡列尼(Carini, P.)及其同事在展望中心(Prospect Center)和佛蒙特州本宁顿学校所从事的儿童描述性评论工作充分体现了教学与研究一体化的专业愿景。至少在 20 年的时间里,展望中心帮助教师发现和阐明他们对教学、学习和教育的一些隐含假设,并开发了一系列记录孩子在学校背景中学习的流程,积累了一系列儿童研究的档案和教师讨论的记录,从而为儿童发展研究提供了丰富的资源。

　　展望中心的工作激励着越来越多的教师记录和反思自己的教学实践。今天,教学与研究的关系逐渐走出二元论的思路,成为一个活动的两个方面,也即"在教学中研究,在研究中教学",教研相长。应当说,这一趋势使过往教学研究的历史所助长的专业研究人员和教师的对立逐渐消解,教师的专业自主权及教学研究的信心逐渐得到恢复。这些在某种程度上促成了"课例研究"的兴盛。因为,教学与研究的一体化意味着每一节课对教师来说都是一次探究,课例研究本身与教学是融为一体的,研究过程与教师的教学过程相伴相生,贯穿始终。从某种意义上说,课例研究重塑了教学的本质——教学即研究,教学不是传授预定知识的过程,而是教师从事研究的过程。当代教学理论一再证明,教学是建立在经验、反思基础上的智慧性实践,而非运用现成原理

① Cochrane-Smith, M. and Lytle, S. L. (1990). Research on Teaching and Teacher Research: The Issues That Divide. Educational Researcher, 19(2): 2-11.

② Schaefer, R. J. (1967). The School as a Center of Inquiry. New York: Harper and Row.

的技术性实践。这意味着教师无法凭借某种固有的技术或方案一劳永逸地实施理想的教学。对充满不确定性的、复杂的教学情境而言，唯一正确的途径是研究，特别是对融合了"特定的儿童认知"（Cognition Specific）、"特定的教材内容"（Content Specific）和"特定的课堂语脉"（Context Specific）的"课例"的研究。因而课例研究是教学与研究一体化的重要表征。在终极意义上，它意味着我们不应把教学视为研究的对象，而应把教学就视为研究本身。

第一章 课例研究概述

从 20 世纪 50 年代起,课例研究作为对教学过程所开展的合作性研究在中国、日本等东亚国家已经非常普遍。在中国,与"课例研究"相类似的活动被称为"教学研究",简称"教研"(Teaching Study)。自 1952 年设置教研组开展教研活动以来,中国的教学研究活动已持续 60 余年,并且一直是教师专业发展的一个重要途径。日本将课例研究称为"授业研究",名古屋大学的研究团队把"授业研究"翻译为"jugyou kenkyuu"。美国和英国的学者则用"Lesson Study"这一术语。另外,中国香港特别行政区香港教育学院学习研究中心于 2000 年启动的课堂学习研究(Learning study)项目,亦将课例研究视为教师专业发展的一种强大工具。本章聚焦世界主要国家和地区课例研究的现状,试图揭示国际课例研究的经验与趋势及其对我国课例研究发展的启示。

第一节 课例研究的国际动向与发展趋势

随着 2005 年世界课例研究协会(the World Association of Lesson Study,简称"WALS")的成立,课例研究在世界范围内获得进一步的传播和推广。东亚国家所采取的不同于西方的变革模式令美、英、德等西方国家惊叹不已。今天,课例研究已被整合进中国的学校改进、中国香港特别行政区的课堂学习研究、美国的教育情境、德国的教师教育和培训、伊朗的教师培训体系以及新加坡的教师专业发展。[①]

---

① Matoba, M. & Arani, M. R. S. Transnational Learning: A Review of Lesson Study in Japan [EB/OL]. http://www.ied.edu.hk/wals/lsconference/1st/pdf/DrArani_Day2.pdf,2013 - 09 - 04.

一、课例研究的国际动向

1. 课例研究的动力机制

尽管课例研究受到不同国家和地区教育研究者的青睐,但不同国家和地区维持其存续的动力机制却不尽相同。

在日本,政府把课例研究视为校本专业发展的有效途径而在财力上给予支持,但学校在开展课例研究时始终坚持教师自愿参与的做法。虽然是出于自己的选择,但几乎所有的学校都会开展课例研究,因为做课例研究已经成为日本教师的一种学习文化。中国的教学研究是体制性的,从省到学校的四级教研网络的存在为课例研究的分层推进提供了强有力的制度保障。不仅高校和研究机构的专业研究人员和学校教师合作开展课例研究,四级教研网络中的教研员也多有参与,为课例研究的开展提供了组织和专业保障。中国香港特别行政区的课堂学习研究是香港教育学院"院校协作和课堂学习研究中心"接受中国香港特别行政区政府的资助,于2000年起与中小学合作开展的一个旨在提高教师应对学生个体差异的能力的项目。新加坡的课例研究也起始于2005年新加坡国立教育学院一个名为"合作学习的实践共同体"(CoPCL)的专业发展项目。瑞典则在本国教育科学委员会的资助下使课例研究与学校发展工作相结合。美、英、德等西方国家的在职培训活动虽然内容丰富、形式多样,但通常是非结构化、非强制性的。因此课例研究在这些国家的推进通常借助某些从事教学研究的组织和个人自愿进行。在美国,课例研究的实践是非常有限的,在2004年只有不到1%的中小学、教师和学区开展课例研究,[①]直到今天,这一比例也未有显著提高。严格地说,课例研究在英国的教学文化中也不存在,在英国的教育系统中,行动研究作为教师教育的原则似乎更加盛行。但是英国职前教师培养中的"课例分析"倒是与课例研究的目标非常相似:师范生通过集体备课、观察、分析等途径提高教与学的质量。只是英国的课例分析遵循反思性评价的路线,备好的课不再重复上,不过,实习教师可以把从一堂课中所学的知识运用到其他课中去。[②] 德国的部分学者将课例研究视为"批判性合作",认为它是教学工作的共同基础。但他们也意识到课例研究很难在德国广泛实施,

---

① Wolf, J. (2005). Lesson Study in the United States [A]. The 1st Annual Conference on Learning Study [C]. Hong Kong: The Hong Kong Institute of Education, December 1 - 3, 2005.

② Crawford, K. (2006). The Process of Teacher Professional Development in England: an Overview [A]. In Matoba, M. et al. (Eds.). Lesson Study: International Perspective on Policy and Practice [C]. Beijing: Educational Science Publishing House, 199.

9

因为"教师通常把课堂作为筛选和控制的手段,而很少把它视为改进与学生有关的教学实践的合作性方法,所以对课堂教学的审查通常被教师看作是对他们个人的考查"。①

基于上述描述,可以看到,课例研究在各国存续的动力机制至少存在体制性要求、项目推动和自愿开展三种。在中国,体制性的要求是课例研究存续的主要动力。中国香港特别行政区、新加坡和瑞典等国家和地区的课例研究多由政府提供资助,以项目的方式运行。日本、美国、英国、德国等国的课例研究虽然都是由学校或教师自愿开展,但与日本已经形成的课例研究文化相比,美、英、德等国的课例研究仅局限于学者层面的探讨和学校层面零星的实践,并未转化为教师普遍的行为方式。当然,这些差别是由各国不同的教学传统与文化塑造的,并不意味着体制性要求是课例研究发展的方向。事实上,在我国,教研组织的体制化在某种程度上强化了其行政性、事务性的色彩,反而使之与专业化和规范化的发展目标渐行渐远。同样,由项目推动或自愿参与的课例研究也并非完美,虽然它更具科学性或更富活力,但作为一种暂时的举措,其是否有力量影响教学的持续变革令人怀疑,所以埃利奥特(Elliott, J.)针对香港的课堂学习研究,在题为"学习研究有助于保持系统广泛的教育变革吗?"的报告中强调,问题的答案尽管不是课例研究一定要被体制化,但把学习研究拓展到更大的课程范围与学习视域,并开发一个质量指标框架用于评价学习研究对学校课程与教学实践的持续影响则是需要考虑的。② 由此观之,无论是凭何种力量存续,不同国家和地区在以课例研究推进教学变革时都会面临相应的挑战。

2. 课例研究的操作模式

源于教学传统和历史定位的差异,课例研究在不同国家和地区的持续推展日益呈现多元化的面貌。特别是在操作模式上,不同国家和地区看似过程一致,但各自强调的重点的确有所不同。下面以日本的授业研究、中国香港的课堂学习研究和中国上海的行动教育为例,展现典型课例研究模式的特色及其差异。

在日本,尽管授业研究的形式多种多样,但通常涉及的操作步骤是③:(1)界定课

① Gervé, F. & Kehder-Mürrle, A. (2006). Lesson Study: Impulses for Teacher Education and In-service Training in Germany [A]. In Matoba, M. et al. (Eds.). Lesson Study: International Perspective on Policy and Practice [C]. Beijing: Educational Science Publishing House, 236.

② Elliott, J. Can Learning Studies Help Sustain System Wide Educational Innovation? [EB/OL]. http://www.ied.edu.hk/wals/conference07/resources/wals07/2_01122007_john.pdf, 2013 − 09 − 08.

③ Stigler, J. W. & Hiebert, J. (1999). The Teaching Gap: Best Ideas from the World's Teachers for Improving Education in the classroom. New York: The Free Press, 112 − 116.

例研究需要解决的问题。该问题可以是教师自己实践中的问题，也可以是自上而下由教育行政部门提出的期望教师优先解决的普遍性问题。(2)执行"合作设计教案——教学、观课——集体反思"的教学研究循环过程。通常这一循环会进行两轮，教师因而有机会将改进的教案再一次付诸实施。(3)分享课例研究的结果。大多数的课例研究小组通过撰写报告分享自己的工作，另一种分享的方式是邀请其他学校的教师参观后一次课的教学。

香港的课堂学习研究最基本的步骤包括[①]：(1)选取课题并初步拟定学习内容。除学科知识外，学习内容也可能是通过学习要培养的一种能力或态度。(2)确认学习内容。基于对学生的前测与访谈，确定学习内容和阻碍学生学习的难点(关键属性)。(3)教学设计及课堂实践。运用变易理论设计教学，并分数轮进行教学实践，每轮教学都进行同行观课及课后会议反思，以便在下一轮的教学中改善研究课。(4)教学评价。根据对学生的后测及访谈，对每一轮教学进行分析，并提出改善教学的建议。(5)撰写报告及分享成果。通过撰写研究报告，将研究成果与其他教师及公众分享，而所得反馈将成为下一循环研究的重要参考材料。

上海的"行动教育"模式包含三个阶段[②]：(1)关注个人已有经验的原行为阶段。由授课教师根据个人教学经验独立设计并授课，行动小组成员参与观课和评课活动。(2)关注新理念之下课例的新设计阶段。授课教师根据他人经验和新理念设计新的教案，再一次在平行班授课，行动小组仍参与观课与评课活动。(3)关注学生获得的新行为阶段。授课教师根据讨论结果，针对学生的实际情况对理性的教学设计再次修改、调整，在另一个平行班再授课一次。连接这三个阶段活动的是两轮有引领的合作反思：反思已有行为与新理念、新经验的差距，完成更新理念的飞跃；反思理性的教学设计与学生实际获得的差距，完成理念向行为的转移。

虽然上述三种课例研究模式的具体操作方法不尽相同，但相似点颇多，这些共同点正是课例研究的灵魂所在：一是群体性的合作。课例研究是由课例研究小组中的同伴群体或中小学教师与大学研究人员合作进行的。不仅合作的时间能够保证，而且借助课例研究的操作过程能够确保合作时间被高效地使用。二是过程性的反思。不同于仅视反思为孤立的心智活动、与未来的行动没有任何明显关联的事件性反思

---

① 卢敏玲，庞永欣，植佩敏. 课堂学研究——如何照顾学生个别差异[M]. 李树英，郭永贤译. 北京：教育科学出版社，2006：32—33.

② 王洁，顾泠沅. 行动教育——教师在职学习的范式革新[M]. 上海：华东师范大学出版社，2007：37.

(Incident Reflection),过程性反思(Process Reflection)试图将过去的事情与未来预期的行动联系起来①,这在课例研究中表现为教师总是在反思第一轮教学的基础上进行新一轮的教学实验。这种舍恩所谓的"框架实验"通过一个教学重塑的迭代过程,有机会发展和检验能够用于理解和改变情境的试探性理论。三是持续性的改进。无论以何种方式展开,课例研究作为教师的合作性研究,总是会经历规划、行动、观察、反思和重新规划的循环过程。这种循环的行动策略赋予教师就怎样改进教学作出决策的权力,同时提供教师验证教学决策效果的机会。周而复始,随之实现的便是教学的持续改进。

比较三地的课例研究,在相同的精神诉求下不同的是方法层面的差异。日本的课例研究注重采用人种志和参与式观察的方法收集证据,用于解释课堂中学生们所做的以及教师应当做的事情。之所以强调人种志的研究方法,是因为人种志的田野笔记和参与式观察有助于帮助教师理解学生能力的多元类别,特别是教师关于学生的假设,支持课例研究聚焦于学生学习的动力、学生的真实需要以及对学习的领导力,从而凸现其"以学习为中心"的特征。同时,在课例研究中使用人种志的方法和田野笔记也有助于教师思考、规划和使用其他富有创造性的、可供选择的课堂管理和教学方法。另外,有学者从宏观层面上认为,人种志和参与式观察的方法为教师带来如下机会:有效地一起工作;友好地分享各自的经验;直接反思各自的行动并真诚地相互学习,有助于创造一个"学习型学校"。② 香港课堂学习研究的突出特征是以变易理论作为支撑框架分析教学过程,通过前后测及对学生的访谈收集学生学习的证据,进而评估教学的改进情况。严格地说,香港的课堂学习研究采用的是设计研究或设计实验的方法,其研究过程是"理论驱动的设计过程"和"数据驱动的修正过程(教学策略)"③,也就是说,依据变易理论设计某个教学过程并在实现这一过程的情境中对情境进行测试和修正,而连续的迭代则相当于实验中的系统变量。很明显,与日本相比,香港的课堂学习研究是结果取向的,它聚焦的是学习内容的设计和改进,并不关注同事之间合作性的知识建构是如何进行的。虽然二者取向不同,但在教学变革的大背景下这两种研究可

① Ricks, T. E. Process Reflection during Japanese Lesson Study Experiences by Prospective Secondary Mathematics Teachers. Journal of Mathematics Teacher Education,14(4):251-267.
② Matoba, M. Ethnography & Participant Observation Approaches in Lesson Study [EB/OL]. http://www.ied.edu.hk/wals/lsconference/pdf/day2/Japan/matobHKa2006.pdf,2013-09-10.
③ [美]R·基思·索耶. 剑桥学习科学手册[M].徐晓东等译. 北京:教育科学出版社,2010:157.

以以一种建设性的方式彼此印证,因为教育革新经常是研究本位或证据本位的。在大规模地实施某些新举措之前,我们有必要采用"设计本位类型"的学习研究对革新实践的效果进行严格的和系统的检验,然后在此基础上向学校和教师传播研究结果。伴随着对教学后果的全面检讨,教师可能会自发地遵循并投入"课例研究类型"的学习研究。另一方面,当教师在"课例研究类型"的学习研究中紧密地工作在一起,设计教学并改进教学以提升学生的学习时,一些新的理论猜想可能会产生,紧随其后的就是"设计本位类型"的学习研究。上海的"行动教育"模式是针对教师在职教育的顽疾,即难以把培训中所学到的知识技能运用于日常教学而提出的,因而它强调把"行动"和"教育"结合,通过研究自己的行动迈向自我发展的专业完善。其主要采取的是行动研究的方法,研究中会综合运用质的和量的方法收集有关教师教学和学生学习的信息,而后结合他人经验和先进理念对教学问题作出推论,并有针对性地予以改进,以期在提升教师实践智慧的同时达到理想的教学效果。

从研究范式上说,日本的课例研究遵循了"现象学—解释学"的研究范式,注重采用人种志和参与式观察的方法对课堂教学展开情境化的描述,而后就描述的情境展开讨论,借以揭示情境的意义及发展方向。香港的课堂学习研究则是典型的"过程—产出"范式,研究的中心问题是教师对学习内容的设计和改进是如何影响学生的学习成就的。上海的行动教育则属教师研究范式,它关注的是教师实践性智慧的生成与发展,实际上是一种通过改进自身教学行为实现自身发展的教师学习模式。

3. 课例研究的支持系统

课例研究在各国的推进面临不同的境况,在某些国家是一种非常有效的教学改进模式,但在另一些国家却面临重重挑战,这一点促使研究者更多地思考其所处的教学传统与文化环境,剖析课例研究得以推行的支持系统。

以日本为例,费尔南德斯(Fernandez, C.)等人分析了支持日本教师开展课例研究的结构性条件[①]:一是学校教师教研室的结构使得分享过程更加容易,因为同一教研室的教师的办公桌被安排在一个单独的房间;二是学生的在校时间结束于下午三点,教师的工作时间则在下午五点结束,这种时刻表为教师的活动(包括课例研究)提供了更多的时间;三是一种统一的国家课程(日本文部省的学习指导要领)支撑了跨校

---

① Fernandez, C., Yoshida, M., Chokshi, S. & Cannon, J. An Overview of Lesson Study [EB/OL]. http:// www. tc. columbia. edu/lessonstudy/doc/AboutLS. ppt, 2013 - 09 - 12.

的课例研究的对话与分享。与日本相比,美国在引进日本的课例研究时却面临大量的挑战:缺乏可供分享的统一课程;缺乏特定主题的好课的样本;怎样观察、讨论和修改教学还需要指导;在有偿的工作时间缺乏分享规划和进行观察的时间等等。[①] 显然,有的问题可随教师研究经验的积累予以解决,有的缺失则是结构性的,这在一定程度上造成了美国课例研究推广的艰难。对中国而言,推进课例研究的校内外支持系统是比较完备的。不仅校外有四级教研网络予以保障,校内"备课组—教研组—科研室"的组织架构也能有效地保证课例研究得以落实。但如前所述,与美、日相比,中国课例研究的推进面临的是诸如组织僵化、目标游移、经验主导等问题,因此,如何加强专业引领,重塑课例研究的价值取向和研究规范,强化其专业性活动的属性,将是我国课例研究支持系统的建设方向。

二、课例研究的发展趋势

中国课例研究的发展虽然有六十多年的传统,但在长期的运作中,亦存在诸如随意性、被动性和事务性的去专业化趋势。特别是随着基础教育课程改革的深化和课堂转型的需要,传统课例研究面临一系列挑战。如何吸取国际课例研究的经验,为我国课例研究的发展注入新的理念支撑和实践样式,这是值得深入探讨的问题。在借鉴国际课例研究发展经验的基础上,我们尝试提供如下的改进思路。

1. 拓展课例研究的研究视角

虽然日本、中国香港和上海的课例研究已经展现出多元的研究范式和方法,但如果期望通过课例研究更为深入和全面地理解课堂,就需要进一步开拓研究的视域,架构多元取向的研究视角。雷克斯(Rex, L. A.)等人在《当代教育研究方法手册》中,曾以课堂互动为例,展现了课堂研究的七大视角:"过程—产出"视角,认知视角,社会认知、情境认知和活动理论视角,人种志视角,社会语言学和话语分析视角,批判视角和教师研究视角。[②] 课例研究有必要借鉴上述视角展开多种取向的探究,以生成对课堂的多元理解和建构。不仅如此,对课例研究的研究也可以依循上述视角进行。沃尔夫

① Matoba, M. Improving Teaching and Enhancing Learning: A Japanese Perspective [A]. The First Annual Conference on Learning Study [C]. Hong Kong: The Hong Kong Institute of Education, December 1 - 3, 2005.

② Rex, L., Steadman, S. & Graciano, M. (2006). Researching the Complexity of Classroom Interaction [A]. Green, J. L., Camilli, G. & Elmore, P. B. (Eds.). Handbook of Complementary Methods in Education Research(3rd edition) [C]. Washington D. C.: AERA, 727 - 771.

(Wolf，J. M.）与秋田（Akita，K.）就明确地将课堂研究的视角迁移至对课例研究的研究，并设定了在研究课例研究时每一视角所应回答的基本问题（见表1－1①）。对这些问题的回答不仅有助于我们理解课例研究本身的特质，更有助于深化我们对教学变革的认识。

表1－1　课例研究的研究：视角与问题

视角	问题
描述的	课例研究的实践和产出是什么？
过程—产出	课例研究实践是怎样产出结果的，以及结果是怎样从课例研究中浮现的？
认知的	课例研究实践是如何促进教师的认知的，以及教师的认知是怎样影响课例研究和课堂实践的？
社会认知、情境认知和活动理论	课例研究实践中的社会互动是怎样影响个人学习的，以及个人学习是如何促进教室中的社会参与的？
社会语言学和话语分析	课例研究实践是如何形塑话语事件的，以及话语事件是怎样形塑课例研究的？
人种志	课例研究实践是如何创生和建构文化的，以及班级和学校文化是如何创生和建构课例研究实践的？
批判	课例研究实践是如何激起和造成随之而来的权力斗争的，以及权力斗争是如何影响课例研究的实践效果的？
教师研究	课例研究实践是怎样体现教师特征的，以及教师的观点是怎样独特地影响课例研究实践的？

2. 改进课例研究的操作方法

自上世纪50年代教研体制确立以来，我国以学科教研组为主体的教研活动历久弥新，课例研究作为教师教研活动的一种形式亦随之生成广泛的实践基础。但不可否认的是，当下我国的课例研究面临许多棘手的问题。面对精彩纷呈的国际经验，我们有必要在借鉴和反思的基础上改进课例研究的操作方法，创造更加有效的本土经验。基于前述比较，课例研究可以做如下改进：第一，为应对教研组、备课组等课例研究组织的僵化问题，在课例研究小组的组成上，注意软化学科边界，强化课例研究小组的自组织原则，并充分发挥其自育功能；第二，树立"以学习为中心"的价值取向，发展教师"看待儿童的眼光"（the eyes to see students），实现教学研究和教学改革由教到学的重

① Wolf，J. M. ＆ Akita，K. (2007). Researching Lesson Studies：Possibilities，Emergent Trend and Three Directions，A Preliminary Analysis［A］. The Tokyo University Conference on Lesson Study［C］. Tokyo，Japan，May 21－22,2007.

心转移；①第三，规范研究的程序与方法，强化课例研究的证据意识，超越囿于经验的研究传统；第四，提升研究的理论介入水平，以理论作为教师思考和行动的框架，鼓励教师对"实践性理论"的创生，避免教学的低水平重复。

3. 迈向教学法科学的创造

假如教师想知道如何教一个特定的主题，有什么知识可以借助呢？事实是，由证据支撑的、系统加以组织的任一主题的教学法知识在任何国家都是缺乏的。对我国而言，由于长久以来教学研究沿循理论思辨的路线，学科教学法通常是一般教学法的演绎，这种自上而下的知识生产方式否认了这样一个事实：教学实践是由教师的缄默信念所支撑的，不通过系统的证据收集对这些信念做出检讨，便无法形成创造教学法知识的基础。课例研究通过一系列的研究课聚焦于教学方案的合作开发和方案实施中的课堂观察，并在课后会议中汇聚观察的结果以作为方案修正的基础，因而其直接指向于"什么"课程同"怎样"教学的概念化整合。而表征这一整合状态的即是作为教师专业素养核心的"学科教学知识（PCK）"。基于此，课例研究是围绕某一主题的教学法知识的创造而展开的。埃利奥特曾用另外一种方式来表述这一实质："课例研究使教师研究作为一种校本课程开发的形式再次出现。"②可以想象，随着课例研究的推展，以及研究数据的不断公开，研究者可以将这些数据以专题加以组织，进行相互比较和对照，从一系列具体的案例中提取经验，以形成关于如何教某一主题的教学法假设，进而通过进一步的课例研究进行检验和发展，从而实现教学法科学的创造。教师作为课例研究的主体毫无疑问将是教学法知识的创造者，而不再是传统意义上的接受者，这一特征正是把教学视为一种专业的本质所在。

4. 把课例研究整合进职前教师教育体系

如上所述，虽然在日本、中国、中国香港、新加坡、瑞典、美国、德国等国家和地区，课例研究是教师在职培训的一种方式，但课例研究向职前教师教育的渗透已是大势所趋。英国把课例分析作为职前教师教育的一种具有整合性的手段和方法。中国香港为评价课堂学习研究对实习教师专业能力发展的影响，尝试把学习研究纳入职前教师教育项目，使之成为教育学士学位课程的核心模块，近来更有学者倡导将其发展为一个教育硕士专业。不仅在教师教育领域，课例研究的影响力同时在向其他教育领域扩

---

① 安桂清. 以学为中心的课例研究[J]. 教师教育研究，2013(2)：72.

② Elliott，J. Towards the Creation of a Pedagogical Science：the Next Task for Lesson and Learning Study. http://www. ied. edu. hk/wals/conference09/keynote_01. pdf，2013 - 09 - 20.

展。比如,澳大利亚的一位学者将课例研究应用于会计学专业研究生的小组活动,结果表明课例研究的实施对学生的深度学习有积极的影响。[①] 把课例研究整合进职前教师教育体系是教师教育课程与教学创新的应然之举。近来关于学科教学知识(PCK)的一系列研究表明,学科教学知识的发展包含知识获得和知识使用两个维度,但教师并不是首先获得 PCK,然后再执行之。确切地说,知识获得和知识使用在教学实践情境中是彼此交织的。[②] 这意味着师范生的教学必须是"行动"性的,不仅要理解既定的学科教学知识,还需要作为"识知者"在学习活动中加以转化,才能建构自身的学科教学知识。课例研究将行动与研究相结合,为师范生学科教学知识的转化和生成提供了契机。毫不夸张地说,课例研究的过程即是师范生"学科教学识知"(Pedagogical Content Knowing)的过程。可以想见,课例研究新的发展空间有赖于其对职前教师教育的贡献。

第二节 课例研究的意蕴和价值

课例研究对教和学有着重要的影响力。在广泛推展这一专业活动时,为避免陷入"技术理性",仅仅关注课例研究的操作步骤,行动者需要聚焦课例研究的意蕴和价值,对课例研究的内涵、取向、价值等基本问题加以检讨和反思。这类探讨不仅有助于领会课例研究的实质,同时有助于提升课例研究的实践境界,引导课例研究步入正途。

一、课例研究的内涵

对课例研究内涵的揭示依赖于研究者所秉持的立场,目前学界对课例研究的理解主要从以下三种视角出发:

第一种视角认为课例研究是教师专业发展的一种途径,它为教学建构专业知识基础并改进教和学。[③][④] 莱维斯(Lewis, C.)具体指出,课例研究发展了教师三种类型

---

① Djajadikerta, H. G. (2009). Facilitating Lesson Study within the Postgraduate Accounting Student Workgroup: An Australian Case. The International Journal of Learning, 16(2): 287.

② Park, S. & Oliver, J. S. (2008). Revisiting the Conceptualisation of Pedagogical Content Knowledge (PCK): PCK as a Conceptual Tool to Understand Teachers as Professionals. Research in Science Education, 38(3): 261 - 284.

③ Stigler, J. W. & Hiebert, J. (1999). The Teaching Gap: Best Ideas from the World's Teachers for Improving Education in the classroom. New York: The Free Press, 103 - 112.

④ Yoshida, M. (1999). Lesson study: A case study of a Japanese approach to improving instruction through school-based teacher development [D], University of Chicago.

的知识[1]：学科内容及其教和学的知识；教师之间的人际关系；教师个人的素质和性向。

第二种视角认为课例研究是教师研究的一种方法，是教师专属的教学研究模式。如前所述，无论是雷克斯对课堂互动研究中教师研究视角的论述，还是科查伦-史密斯与利特尔对教学研究和教师研究两个概念的区分，都确立起教师研究的视角，将其对自身教学的研究即"课例研究"，视为课堂研究的重要方法论。

第三种视角认为课例研究是一种教学变革实践研究。针对教学中的特定问题，在实践中进行探讨，从而改进教学实践。如之前斯图尔特（Stewart，R.）和布兰德夫（Brendefur，J.）对课例研究的定位——"作为合作学习共同体的教师小组聚焦于日常教学改进的模式"[2]。

综上所述，上述观点超越了将课例研究视为教师专业发展路径的一般理解，展现了课例研究的多元视角和丰富内涵。不过，传统上课例研究仍被视为指向教师专业发展的教学研究活动。从教研活动的角度，我们将课例研究界定为："教师以课为载体，对教学实践中的问题展开的合作性研究。"这项研究通常会经历"疑问——规划——行动——观察——反思和重新规划"的循环过程。与多数常规教研中的"就课论课"有别，课例研究强调从教师教学实践中的问题出发，通过教师群体的研究活动解决教学难题，改进教学实践。所以"课"在课例研究中仅仅是问题解决的载体，而非传统公开课教学中致力于打磨的教学范本。就研究的方法论而言，与其说课例研究是课堂教学的行动研究，倒不如说课例研究是一种设计研究或设计实验。如本章第一节中所述，其研究过程是"理论驱动的设计过程"和"数据驱动的修正过程（教学策略）"[3]。也就是说，有根据地设计某个教学过程并在实现这一过程的情境中对情境进行测试和修正，而连续的迭代就相当于实验中的系统变量。由此可见，课例研究不是教学诊断型的研究，而是基于设计的研究。

要确切理解课例研究，还需要把握其属性，透析这一概念与反思性实践、案例研究、教师学习体系等概念的关系。

---

① Lewis, C. (2009). What is the nature of knowledge development in lesson study? [J]. Educational Action Research，17(1)：95 - 110.

② Stewart, R. A. & Brendefur, J. L. Fusing Lesson Study and Authentic Achievement: Model For Teacher Collaboration. Phi Delta Kappan, May 2005: 681 - 687.

③ ［美］R·基思·索耶. 剑桥学科学手册［M］. 徐晓东等译. 北京：教育科学出版社，2010：157.

1. 课例研究与反思性实践

毫无疑问,课例研究的最终目的是改进教学。但这个过程是如何实现的呢? 早期美国教育研究者在将日本的"授业研究"传入美国后,认为课例研究是通过改进教师的教学计划来实现教学改进的。显然,这样的推论过于表面化和简单化了。试图通过"创造一个完美的教学计划"而一劳永逸地解决教学问题的教师必然会面临如下诘难:"什么时候一堂课才足够好到可以被广泛运用呢?""假如教师花了很多时间在一节课上,那么它如何影响到课程计划中的所有的课呢?"课例研究如果循着"找寻最好的课以作为教学的范本"这条道路发展下去,注定是没有出路的。因为,归根结底沿着这一思路所架构的课例研究是受"技术理性"(Technical Rationality)所支撑的,而技术理性的原理是难以面对充满不确定性的、复杂的教学情境的。从课例研究到教学改进的路线究竟是怎样的呢? 最近的一些研究开始关注这一过程中教师知识的发展和心智模式的改变以及学习共同体的建立等更深层次的因素。下图(图1-1①)是美国著名的课例研究专家莱维斯(Lewis,C.C.)教授所揭示的课例研究改进教学的内在机理。从中可以发现,课例研究对教学过程的干预是非常复杂的,它至少通过三条路径加以实

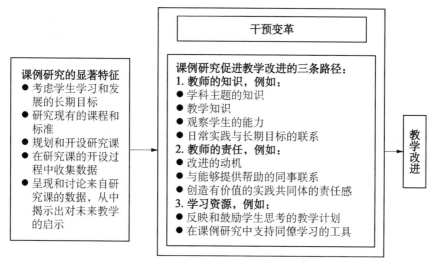

图1-1 课例研究是如何实现教学改进的

---

① Lewis,C.(2006). Lesson Study in North America:Progress and Challenges [A]. In Matoba,M. et al. (Eds.),Lesson Study:International Perspective on Policy and Practice [C]. Beijing:Educational Science Publishing House,12,略有改动。

现：一是在课例研究中发展教师有关学科、教学、学生等的个体知识；二是提升教师改进教学的责任感；三是为教师的学习提供资源支持。由此可见，课例研究是通过教师从课堂的事实和工作的具体经验中学习，而不是简单运用现成的原理与技术来实现教学改进的。倘若把早期的课例研究概括为一种"技术性实践"的话，今天的课例研究则是一种基于审察与反思、旨在促进教师专业成长的"反思性实践"①。

2. 课例研究与案例研究

课例研究由技术性实践向反思性实践的转变与案例研究的发展历程可谓一脉相承。19 世纪 70 年代，哈佛大学法学院的第一任院长克里斯托弗·兰格德尔（Langdell, C. C.）把案例分析引入法学专业教育。不过兰格德尔所发展的案例分析的实践样式仅仅视案例为显示所教的原理与技术的具体素材，因此它所沿循的是一种演绎的思路。此后一百年间，案例研究作为专业教育的基本方法在医学、法学、管理学等领域获得广泛应用。20 世纪 80 年代以来，随着案例研究思想使西方的教师教育受益匪浅，案例研究开始在教育领域获得迅速的发展。此时，案例研究的实践样式已趋于多元②，不过与兰格德尔的模式相比，这些多元的样式皆倾向于把案例分析作为直面实践问题并寻求问题解决的一种教育方法来看待。至此，案例已不再是固有原理与技术的证明，而是通过一种归纳的思路以从中生发出问题解决的方案与途径。这种转变是与权威的案例研究者罗伯特·K·殷（Yin, R. K.）的观点相一致的。殷指出：案例研究如同实验研究一样，可以通过归纳得出具有理论色彩的结论，只不过前者是分析归纳（归纳出理论），而后者是统计归纳（计算频率）。③ "课例研究"作为教学研究的一种案例或形态，与案例研究的发展具有某种一致性。具体而言，两者都打破了理论与实践的二元论，主张通过提升教师反思课堂的意识、丰富教师考察课堂的视点和提供教师自主学习的资源，来促进教师"实践性知识"的生长。在作为教学研究案例的课例研究中，处于核心地位的是"实践的理论化"（Theory through Practice）或是"实践性理论"（Theory in Practice），而不是"理论的实践化"（Theory into Practice）④。另一方面，虽然课例研究可作为教学研究的一种案例或形态，但严格地说，其与教学研究的另一种形式——课堂教学案例研究存在一定的差别。课例是围绕一堂课或一节课所开展

---

① 陈向明. 教育改革中"课例研究"的方法论探讨[J]. 基础教育，2011,8(2)：71—77.

② ［日］佐藤学. 课程与教师. 钟启泉译. 北京：教育科学出版社，2003：286—287.

③ ［美］罗伯特·K·殷. 案例研究：设计与方法. 周海涛主译. 重庆：重庆大学出版社，2004：13.

④ 钟启泉. 对话教育——国际视野与本土行动. 上海：华东师范大学出版社，2006：285.

的一系列教学活动的总称,它是对教学的全景实录,呈现着完整、真实的课堂教学过程。课堂教学案例虽说也是对教学论题的生动再现,但它却不同于教学实录。它以故事或事件的方式呈现,按照一定的结构展开,其中蕴含着对问题的解决方法和研究者所信守的理论。因此,课堂教学案例来源于教学生活但同时要高于教学生活,这样案例才更具有代表性和典型性。我们可以这样说,课例是课堂教学案例的来源,而课堂教学案例则是对课例的加工和提炼。

3. 课例研究与教师学习体系

美国学者芬威克(Fenwick)早在2004年通过研究发现,教师发展领域逐渐展现出两个重要的趋势:一是越来越试图以"教师终身学习"一词来代替"教师专业发展",二是从注重教师个体学习转向通过实践共同体来促进教师学习。[①] 课例研究无疑符合了上述教师发展的两大趋势。回应这两大趋势,课例研究就不仅仅是教研或教师专业发展的形式之一,而是一个融合教学实践、知识、心智模式、人际关系、支持合作性研究的结构与工具等要素的复杂的教师学习体系。概括目前国内的研究,多数属规范性研究范畴,重点在于阐明中小学教师在开展课例研究时所应遵循的基本结构和操作程序,这些成果对于超越传统的限于经验水平的教研活动是有益的。不过,在很多情况下,这种演绎式的研究思路往往被设计成一种清单式的、限定性的干预,以至忽视课例研究在具体实施过程中际遇的环境。当然,研究者的理想往往是希望自己能够像"阿司匹林"一样有效治愈教师的"头痛",但是这种"处方模式"是难以应付课例研究的复杂性的。课例研究应被看作是一个灵活的向实践学习的体系,它的繁荣需要独特的支持资源、知识、环境、心智习惯和教学结构。在一个地方成功的案例和模式可能在另外一个地方并不成功。因为,课例研究深层结构中的合作习惯、群体氛围、文化特征等要素是无法由一地输入另一地的,甚至一地的教师作为"当局者",对这些要素的特征可能并不自知。因此,对课例研究行动的探讨不是试图建构一套可供依循的模式,而是试图揭示课例研究在行动过程中所面临的共同课题。

二、课例研究的取向

即使形式是一致的,研究取向的不同亦会导致研究重心的偏离,因而,要把握课例

① Fenwick, T. J. (2004). Teacher Learning and Professional Growth Plans: Implication of a Provincial Policy [J]. Journal of Curriculum and Supervision, 19(3): 259 - 282.

研究的意蕴意味着需要在下列范畴中作出恰当的选择。

1. 规范性探究还是阐释性探究

课例研究是对教学的规范性探究还是阐释性探究？换句话说，课例研究是探求教师"应该怎样"还是去追问教师"何以如此"。在以往的教学研究中，研究者总是满怀信心地相信，课堂是一个可控的物理世界，教学是一个机械的认识过程，因此教学研究就是寻求教学的规律，而后推而广之。殊不知正如德国哲学家加达默尔所言："凡是在某种东西能被我们所产生并因而被我们所把握的地方，存在就没被经验到。而只有在产生的东西仅仅能够被理解的地方，存在才被经验到。"[①]教学研究越是执着于寻求"教师应该怎样上课"的普适法则，就会越脱离具体的课堂，越遮蔽复杂的教学。更明确地说，这样的教学研究不是为了作为当事人的教师改进教学的研究，而更多的是研究者为获取权威地位所从事的教学宏大理论的构筑。事实上，这样的教学研究既造成了教学与研究的分离，又造成了教师与研究者的对立。勿庸置疑，课例研究只有摆脱控制取向的规范性探究，转向理解取向的阐释性探究才可能寻到出路。在阐释性教学研究的视野中，课堂从来都不是一个封闭的孤立领域，也从未有传统研究者所希求的教学规律充斥其中。课堂总是与其所处的社会、文化语脉息息相关，或者更可以这样认为，它本身就是一个复杂的、充满矛盾的人类文化生活的世界，其中所发生的教学更是满载着社会和文化生活的意义。研究者不亲自走进课堂，去直面师生活生生的教学生活，去体验师生丰富的内心世界，便无从理解和诠释教学活动的意义。阐释性的课例研究期望教师悬置以往获得的有关教学的各种理论，深入课堂，对自己或同伴的教学活动进行"深描"（Thick Descriptions），并在与环境脉络的互动中理解与诠释教学活动的意义。在这里，我们看到了阐释性课例研究所透出的"还课堂以本来面貌"的现象学精神。

2. 教的研究还是学的研究

课例研究的重心是教师的教还是学生的学？虽然"教师的教"与"学生的学"在教学这一活动中总是复合交错，只具有相对的独立性，但不可否认的是，教师群体在研讨教学时，习惯于把评议的重点放在上课教师如何处理教材、如何讲授、如何提问、如何指导等这些"怎样教"的行为上。这种倾向的形成与我国教学理论长久以来无视儿童的存在是分不开的。一系列文献都专注于探讨"正确的教学"或"教师的应为"，忽视对

---

① ［德］伽达默尔. 真理与方法——哲学诠释学的基本特征. 洪汉鼎译. 上海：上海译文出版社，1999：13.

于学生经验的研究和评判,致使教学理论犹如无源之水、无本之木缺乏支撑,甚至背离学生发展的重要目标。而实际上,教学的最终目的是指向于学生的学习与发展的,教师"教得怎样"应当从课堂上每个学生的学习实况出发加以考察。佐藤学在谈到校内教研活动的原则时强调:"比起教师的提问、教材注解的研究来,更应该围绕学生学习的具体状况和教师的对应来进行讨论。比如对于学生上课时的窃窃私语或困惑,教师是否能够领会;教师有没有在无意识中,以不恰当的应对遏制了学生学习发展的苗头;对于事先没有预料到的学生的反应,教师有没有采取灵活、耐心的态度;对于需要帮助的学生,教师有没有给予恰当的帮助,等等。"①对"教师的教"的考察显然应根据教师对每个学生言行的应对是否恰当来加以评判。"每个学生的言行"由此成为教学研讨的出发点。课例研究因此只有以研讨"学生的学习"为中心,才能创造"以学习为中心的教室",实现每个学生的差异都得到关注、每个学生都得到尊重的学习。香港特别行政区政府于 2000 年启动的"照顾学生的个别差异——以'变异'为基础的研究项目"的研究成果表明,课例研究是照顾学生个别差异的有效方法。② 香港的课例研究以"课堂学习研究"(Learning Study)为核心,以变易学习理论为指导,通过聚焦学生的学习来改进教学,在学生有效学习、教师专业发展、校本课程开发以及学习文化重塑等方面都显现出卓越的成效。由此可见,由"教师的教"转向"学生的学"不仅标志着教学研究重心的转移,更创造着崭新的教学伦理和教学文化。

3. 理论话语还是实践话语

课例研究在话语方式上应采用理论话语还是实践话语? 话语方式反映着思维方式,当我们考察教师研讨教学的用词时会发现:教学目标、教学环节、教学方法、时间控制、课堂管理、教师讲授等术语频繁出现于教师的语汇之中。显然,这套理论话语明显带有传统教学研究话语的痕迹。正如佐藤学批判的那样,"在教师的话语中专业术语越是泛滥,描述他们的实践的话语就越是抽象,具体性越是丧失或微弱"。③ 教师研讨教学的用语倘若如此概括化,如此远离教学的实况,课例研究注定难有作为。要真正起到改进教师教学的作用,课例研究必须立足实践重构教师的话语体系。大约五十

---

① [日]佐藤学. 静悄悄的革命——创造活动、合作、反思的综合学习课程. 李季湄译. 长春:长春出版社, 2003:69.

② Lo Mun Ling(2006). Learning Study — the Hong Kong Version of Lesson Study: Development, Impact and Challenges, in Matoba, M. et al. (Eds.)(2006). Lesson Study: International Perspective on Policy and Practice. Beijing: Educational Science Publishing House, 133 - 157.

③ [日]佐藤学. 课程与教师[M]. 钟启泉译. 北京:教育科学出版社,2003:226.

23

年前,美国芝加哥大学的施瓦布(Schwab, J.)教授全面批判了理论话语在面对实践问题解决时的无力表现:一是涵盖的范围狭小。每一理论都只关注一个不同的侧面,虽然有许许多多的理论,但大多数因为人为的区分都相互隔离,不怎么关联。二是抽象的缺陷。每一理论都涵盖和阐述了它所包含的事件的规律性,而没有考虑它所包含的事件的具体实例的特征:非一致性和特殊性。三是极端多元化。这不仅导致理论之间的彼此对抗,更直接的后果是任一现存理论对实际的表征都是苍白的和不完整的。① 由此,施瓦布建议我们转向实践的方法:审议(Deliberation)。审议既不是演绎,也不是归纳,而是在对具体情境中的行动进行决策时,通过反复的讨论和权衡,选择最佳的解决方案。在《实践:课程的语言》一文的结尾处,施瓦布写道:"几乎每一个课堂片断都是一个流动的情境,需要在其基础上进行审议问题和决策的识别。"②不难看出,施瓦布主张采用具体的实践话语解决课程与教学的实际问题。那么,这是否意味着对理论可以弃之不顾了呢? 施瓦布指出,理论虽不能作为决策的基础,但对决策是有用的。他建议采用"折中的艺术"(Art of Eclectic)对理论的弱点作出修补。"折中的艺术"是取舍、选择、综合多样的理论用于解决实践问题的方法。从施瓦布的立场出发,课例研究应消解主导教师教学研讨的教学理论话语,采用贴近实际的实践话语来表达教师的所思所悟。同时并不放弃源于文化、政治和社会各个领域的理论,而是将之视为考察教学的多样视点,通过采用"折中的艺术",超越彼此的理论框架,综合地用于实践问题的解决。在这里,"实践"显然不是单纯的教学理论应用的领域,而更是实践性理论形成的领域。虽然理论"指导"实践的神话破灭,但理论的"启发性"本质却得以恢复。基于此,课例研究不能封闭于原有自足的教学理论,而只有通过形成以广泛的理论知识为基础的"实践话语"才能保证教师作出恰当的实践决策。

三、课例研究的价值

作为广大中小学积极推行的一种研究方式,课例研究虽以"改进教学"为直接目的,但不可否认的是,它正以其自身的活力悄然改变着教学研究、教师、学生,乃至专业

---

① Schwab, J. (1969). The Practical: A Language for Curriculum [A]. Westbury, I. & Wilkof, N. (1978). Science, Curriculum, and Liberal Education (Selected Essays) [C]. Chicago: The university of Chicago press, 304 - 312.

② Schwab, J. (1969). The Practical: A Language for Curriculum [A]. Westbury, I. & Wilkof, N. (1978). Science, Curriculum, and Liberal Education (Selected Essays) [C]. Chicago: The university of Chicago press, 321.

研究人员的面貌。

1. 使教学研究回归真实的教学生活

当教学研究执着于寻求教学的规律时,也便落入了冷冰冰的、符号化的科学世界。沉湎于科学世界的教学研究有意无意地遗忘了教学的现实生活世界。当此之时,教学研究就变为一种纯粹的知识游戏,不仅对改进现实的教学来说只能是隔靴搔痒,而且教学知识的非人性化也不断受到人们的诘难。课例研究超越了以往教学研究的单纯思辨和实验等方法,倡导教师深入课堂,采用民族志的研究方法以更直接地触及课堂教学的实际,揭示课堂教学的问题,因此它有能力引导教学研究回归真实的教学生活,解决教学的实践问题。课例研究所倡导的民族志研究方法目前已成为各国教学研究者所普遍采用的方法。这种方法的运用是如此的普遍,以至于科罗拉多大学的艾森哈特(Eisenhart,M.)在美国权威的《教学研究手册》(第四版)中写道:"在今天,我们无法想象教学研究不采用解释的观点与资料收集和分析的民族志方法。"①回顾半个世纪的历程,中国的教学研究对真实的教学生活遗忘太久,是该把每一堂课都当作是教师探究教学奥秘的场所的时候了。

2. 为儿童学的构筑积累实践知识

在我国传统的教学论成果中,儿童学习的面貌几乎是看不到的。然而,不了解儿童,便不会有好的教学。教学研究必须联系儿童的学习加以考察。课例研究以理解"学生的学习"为中心,因而有助于改变教师教学的习惯态度,即总是假设学生理解教师教学的方式,与教师所预期的是一致的。而事实上,在教师与儿童的交往中,总是存在着双方思路各异的"异向交往"。一旦教师面对与自己的思路岔开的"异向交往",耐心地询问学生"你为什么会这样认为?""你的想法从哪儿来的呢?",教师也便成为儿童研究的专家。因为他了解了"这一个"或"那一个"学生自身的逻辑世界,知道了他们为何如此思考、为何这般行动。这恐怕是专门研究人员乃至家长都无法做到的事情。课例研究为儿童学的构筑积累了宝贵的实践知识。教育学是一门实践性的学问,近年来,构筑以"儿童学"为基础的教育实践学成为国际课程理论与教学改革实践的前沿课题。日本学者中村哲积极倡导扎根于现实的教育实践研究的"教育实践学"的构筑。

---

① Eisenhart,M.(2001). Changing Conceptions of Culture and Ethnographic Methodology:Recent Thematic Shifts and their Implications for Research and Teaching[A]. in Richardson, V.(Ed.)(2001). Handbook of Research on Teaching(Fourth Edition)[C]. Washington D. C.:American Educational Research Association,209.

他指出："在教育实践学中，要求所提示的理论与实践触及如何去变革儿童的话题，这是区分教育学和教育实践学的重要依据。"①尊重儿童，坚持不懈地对儿童的体验、思想和观念进行研究将是教学不断迈向革新的起点。

3. 恢复教师的专业自主权

过去几十年，教学研究的历史助长了专业研究人员和教师的对立。在教学研究方面，从事传统教学论建设的专业研究者已然成为主体，而教师只能依据他们对教学的立法展开教学的实践活动。对教师专业研究权利的剥夺直接导致教师退缩为单纯的"技工"，其成长被局限于技术熟练的领域。课例研究为恢复教师的专业自主权开辟了道路。它鼓励教师在自己的处境和实践中进行研究，这成为他们专业发展的起点，因为走上这条路便继续着新的假设和新的问题的探索。科查伦-史密斯与利特尔不无感叹地说："因为教师的研究源自实践，并且因为它保存了教师自己的话语和分析，因而有潜力成为一种理解怎样从事教育事业的鲜活的方法……教师建构着他们的实践性知识和理论，而这些会怎样地持续改变、发展和影响他们的教学啊！"②对教师专业自主权的恢复同时也是对教师从事教学研究的信心的恢复，课例研究由此引导教师走向一条自律的专业发展之路。"评价每一个教师的专业成长都需要同时兼顾个人发展与集体形成这两个维度。"③恰恰在课例研究中，不仅是个体的教师成为教学研究的专家，教师群体亦超越学科、超越教室、超越学校成为当之无愧的教学研究共同体。因此，课例研究可带领教师步入专业成长的佳境。

4. 改变教学研究人员的专业生活方式

在传统的教学研究框架中，理论推演成为多数教学研究者的专业研究方式。这种足不出户便能指点教学的感觉，很容易助长专业研究者的傲慢态度和对教师实践工作的不屑。然而，正如有学者所言"教学对于教师来说是在复杂的文化、社会背景中产生的旨在复杂问题之解决的持续不断的判断与选择的过程；对于儿童来说是参与教材、教师、同学之间对话的文化、社会经验，通过这种参与方式，或实现或丧失文化的、政治的、经济的、社会的、伦理的价值的活生生的过程"，④专业研究者很容易低估教学的复

---

① 钟启泉."教育实践学"的构筑——日本教育学者中村哲教授访谈. 全球教育展望，2007(5)：3—7.

② Cochrane Smith, M. & Lytle, S. (1993). Inside/Outside: Teacher Research and Knowledge. New York: Teacher's College Press, 61.

③ 钟启泉. 教育的挑战. 上海：华东师范大学出版社，2008：242.

④ ［日］佐藤学. 课程与教师[M]. 钟启泉译. 北京：教育科学出版社，2003：222—223.

杂性。说到底，课堂里发生着的，不仅是认知性的实践，还有文化性、社会性、政治性、伦理性等的实践。专业研究者仅凭自我建构的教学理论显然无法了解真实的课堂，因此，只有深入"课堂"，专业研究者才能际遇教学的真实，获得专业的新生。可喜的是，近年来，"到中小学去研究教育"已不再是一句口号，它正成为广大教育研究者践履笃行的专业生活方式。当我们真正走进"田野"，我们的职责不仅是与教学实践者展开合作研究和实践性讨论，更重要的是，在沟通文化学、社会学、政治学和伦理学等学术领域的专家的研究与教师的实践性研究方面发挥桥梁作用，通过与教师合作开展教学的社会学研究、教学的文化人类学研究、教学的政治学研究和教学的伦理学研究共同建构对教学的理解。

第一编

作为教学研究方法的课例研究

第二章　设计本位研究取径的课例研究

由于"课堂"早已超越"教室"这一空间概念，成为课程与教学多种因素复杂互动的"场域"。课例研究作为课堂教学的研究方法，也呈现出多视角探究的趋势。在课例研究的多元取径中，设计本位研究是最重要的取径之一，并且因为香港课堂学习研究的国际影响，这一取径逐渐成为课例研究探索学生学习奥秘的重要研究方法。

第一节　设计本位研究的兴起与发展

"设计本位研究"（Design Based Research，简称"DBR"）由"设计实验"（Design Experiment）发展而来，后者是美国西北大学的艾伦·柯林斯（Collins，A.）和加州大学伯克利分校的安·布朗（Brown，A. L.）最早采用的术语。设计本位研究又被称为"设计研究"（Design Research）、"基于设计的研究"等，是 20 世纪 90 年代初在美国学习科学研究领域兴起的一种新型研究范式。

一、设计本位研究的兴起

设计本位研究的兴起有着深厚的历史渊源。早期的实验心理学认为研究者可以脱离具体情境分析认知过程，但之后的诸多研究表明，认知本质上是一个复杂的社会现象，它并非局限在个人的心智之中，而是一个分布于认知者、环境以及活动中的过程。设计研究的发展源于学习研究领域的几点迫切需求[①]：（1）研究情境中学习本质

---

① Collins，A. ，Joseph，D. & Bielaczyc，K. （2004）. Design Research：Theoretical and Methodological Issues [J]. The Journal of the Learning Sciences，13（1）：15 - 42.

的理论问题的需要；(2)在真实世界而不是在实验室中研究学习现象的方法需求；(3)超越对学习的狭窄测量的需求；(4)在形成性评价中获取研究发现的需要。20世纪80年代，针对传统的实验室研究成果无力改进教育现实、易导致生成一种毫无推广及实用价值的理解，特别是运用经典实验方法研究真实、复杂的教育问题屡屡失效的现状，教育研究者迫切需要探索新的教育研究范式。

20世纪90年代兴起的学习科学主张在自然情境下探究学习的本质，以便更好地理解认知过程和社会化过程，以及产生最有效的学习，同时运用学习科学的知识重新设计课堂和其他学习环境，使学习者能更有效和深入地学习。作为一个以真实、复杂情境中的学与教为研究对象，将研究方法与体系完全不同的认知科学、教育心理学、神经科学、社会科学、教学设计等多学科进行融合沟通与深度整合的研究领域，学习科学期待从设计科学的视角来研究人类的教与学，并从方法论层面提出新的诉求，即综合多学科的视角，在研究范式上进行跨学科、多层面的整合，以弄清学习、认知和发展的本质及条件。①

基于上述传统实验心理学的种种局限以及学习科学的兴起奠定的学科基础，活跃在认知科学、教育学和教育技术学等领域的研究者试图探寻一种既立足于自然学习情境，又遵循学习科学研究原则的新范式，以有效地助力教育理论与实践的发展。基于设计的研究强调以"设计"为中介，主张在真实复杂的情境中开展"设计研究"，致力于将自然情境中的学习研究(理论)和有效学习环境设计(实践)紧密结合起来，以此推进持续的教育研究的革新与发展。② 随着在教育研究领域的广泛应用，设计本位研究在教育知识创新和教育实践改革方面的效能逐渐受到学术界和实践领域的关注，成为教育研究的新兴范式。

二、设计本位研究的内涵

柯林斯和布朗作为设计本位研究的创始人并未给设计本位研究一个权威的定义。由于设计本位研究目前仍处于不断发展中，关于其定义和内涵的探讨还在继续，来自不同领域的研究者都有着其独到的理解与阐释。

设计研究最直接的特点在于它是发生于真实情境的迭代的研究过程，这在众多研

---

① Barab, S. & Squire, K. (2004). Design-Based Research: Putting A Stake in the Ground [J]. Journal of the Learning Sciences, 13(1): 1-14.

② 杨南昌.基于设计的研究：正在兴起的学习研究新范式[J].中国电化教育,2007(5)：6—9.

究者的阐释中显而易见。柯林斯和布朗建议采用"设计实验"的初衷就是期望在实际课堂情境中开展教学干预的设计和研究，而不是在实验室条件下研究特定教学变量的作用。为找到有效的教学干预手段，必须在实际的教学环境中进行循环修正的设计，直到得出比较理想的结果为止。科布（Cobb, P.）等人因而将设计研究定义为："'建立'特定的学习方式并在支撑它们的情境中系统地研究这些学习方式。这种设定的情境需要在实践中进行测试和修正。而连续的迭代就相当于实验中的系统变量。"①

如果说科布等人的观点强调了设计本位研究改进实践的重要作用，王（Wang, F.）等人则认为："基于设计的研究是一种系统而灵活的方法论，其目的是在真实情境中以研究者与实践者的协作为基础，通过分析、设计、开发和实施的反复循环，改进教育实践，并提炼对情境敏感的设计原则和理论"。② 该定义强调，设计研究除改进实践外，更重要的是形成和发展理论。这一点得到了众多学者的认同。巴拉布（Barab, S.）指出，基于设计的研究"主要研究特定环境中的学习过程。研究者设计特定的环境，并系统地对环境作出改变。基于设计的研究，其目的是对一个简单的学习环境进行细致深入的研究。这种深入的研究通常发生在真实的情境中，要经过多次的迭代实践，以发展新理论、产品和可以在其他学校或者班级推广的实践。"③设计本位研究之所以能成为发展新理论、新实践的有效方法，巴拉布认为，因为它不仅让研究者简单地了解世界是什么样的，而且还包括如何有效地改变世界，以及检验系统的变化是如何影响学习和实践的。以促进实践发展为最终目的，同时致力于理论建构并指导教学，这表明设计本位研究的核心主旨在于连接并整合实践层面对学习环境的设计和理论层面对学习机制的理解。有学者从这一整合的视角界定设计本位研究："是一种探究学习的方法论，旨在设计一些人工制品作为一种教学干预或革新应用于实践，以潜在影响自然情境中的学与教并对其作出阐释，在此基础上产生新的理论支持持续的教育革新，即促进教育实践和学习理论的同等发展。"④由此，设计成为教育研究中理论和实践结合

---

① 杰尔·康弗里.作为方法论的设计研究的发展[A].[美]R·基思·索耶.剑桥学科手册[C].徐晓东等译.北京：教育科学出版社，2010：157.

② Wang, F. & Hannafin, M. J.（2005）. Design-Based Research and Technology Enhanced Learning Environments. Education Technology Research and Development，53(4)：5-23.

③ 萨沙·巴拉布.基于设计的研究——学习科学家的方法论工具箱[A].[美]R·基思·索耶.剑桥学科手册[C].徐晓东等译.北京：教育科学出版社，2010：177.

④ 杨南昌.基于设计的研究：正在兴起的学习研究新范式[J].中国电化教育，2007(5)：6—9.

的途径。设计本位研究作为一种方法论,超越了其作为单一方法的观点,成为学习科学家的"方法论工具箱"。

综上所述,研究者们虽然对设计本位研究的内涵表述不尽相同,但仍然能清晰地发现它们内在的一致性。设计本位研究是在具体教学情境中,探索实际教学问题的解决,在研究者与实践者的协作下,设计有效的干预并将最初的设计付诸实施,综合采用量化和质性等多种研究方法检验结果,通过反复的分析、设计、实施和完善,在改进教育实践的同时,修正和发展新的教育理论的一种新兴研究范式。

三、设计本位研究的基本特征

尽管不同的研究者对设计本位研究的概念内涵有着不同的解释,但对其关键特征的解读则大体类似。由于设计本位研究是基于传统实验研究无法应对真实情境这一问题而提出的,大多数学者皆是从设计本位研究与实验研究及其他研究方法相比较的角度解读其典型特征。

柯林斯总结了基于设计的研究与心理实验的不同之处(见表 2-1[①])。实验研究通常在一个可控的实验室场景中进行,通过严格控制其他变量来研究某一单一变量的影响,目的是为了验证理论假设的正确与否,通常不对最初的假设作进一步的反思与再设计,研究结果对教学实践缺乏直接的指导价值。而设计研究是在自然情境中,通过设计的途径进行教学干预,具有广泛的情境性和社会性。它不强调理论假设的验证,而是关注实际问题的解决及发展相关的教学理论这一双重目标。从这一点看,设计本位研究和行动研究在目标和方法上有相似之处,即均注重实际情境的影响、教学干预的设计和问题解决的特性等。但行动研究主要指应用理论解决某一具体情境的问题,不关注教学干预的可迁移性。基于设计的研究则强调问题解决中具有可迁移性的教学干预,有人将之称为教学干预原型。教学干预原型体现了具有理论意义的"设计原则(Design Principle)"[②]。研究经常涉及多重迭代,柯林斯将这种特点称为"不断修正",每一次的迭代都是对整体设计的改进,这个过程也刺激了理论的演变与进化。

---

① 萨沙·巴拉布.基于设计的研究——学习科学家的方法论工具箱[A].[美]R·基思·索耶.剑桥学科学手册[C].徐晓东等译.北京:教育科学出版社,2010:181.
② 倪小鹏.基于设计的研究方法、实例和应用[J].中国电化教育,2007(8):13—16.

表 2-1　基于设计的研究与心理实验的不同之处

	基于设计的研究	心 理 实 验
研究地点	真实的学习环境	实验室
变量复杂度	多种独立变量	几个独立变量
变量处理	不是所有的变量都预先知道,有些是在研究中突现的	预先选择几个变量,研究中继续使用这些变量
程序演变	研究程序是灵活的,在研究中不断发展	使用固定的程序
社会交互	协作和分享伴有复杂的社会交互	个体是孤立的
结果汇报	描述设计的实践过程	汇报假设是否得到支持
参与者角色	实验执行者和参与者是主动积极的,并影响研究中的设计	实验执行者并不影响主体,主体也不影响设计

　　巴拉布概括了基于设计的研究的总体特征。如图 2-1① 所示,巴拉布指出,"设计、理论、问题、自然情境"是设计本位研究的核心要素,这些要素之间相互作用、相互影响。设计基于理论,而理论的作用和设计如何解决问题相关,这些研究及影响并不是简单地发生在自然境脉中,理论、设计、问题与自然情境是有交互的,它们总是融合在一起,不可分离。

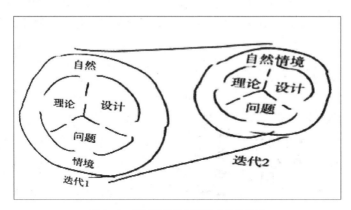

图 2-1　基于设计的研究的总体特征图

　　2003 年,斯坦福大学的沙维尔森(Shavel-son,R.J.)等在总结前人研究的基础上指出,根据研究强调的重点不同,设计研究具有"迭代的、关注过程的、干预主义的、合

① 萨沙·巴拉布.基于设计的研究——学习科学家的方法论工具箱[A].[美]R·基思·索耶.剑桥学科学手册[C].徐晓东等译.北京:教育科学出版社,2010:182.

作的、多层次的、实用导向的以及理论驱动的"等特征。① 这一阐述被后继研究者频频引用，被认为是关于基于设计的研究的特征比较经典的说法。李维斯（Reeves，T. C.）等人总结出的设计本位研究的六个基本特征是：（1）聚焦于复杂性的问题；（2）整合设计原则与能提供的技术；（3）在对学习环境的优化过程中产生新的设计原则；（4）长期的投入和研究方法的精炼；（5）研究团队的持续合作；（6）理论建构与问题解决并重。国内学者祝智庭将其总结为实用性、务实性、迭代性、整合性与情境性五个关键特征。② 概括国内外学者的观点，我们认为设计本位研究具有如下六个关键特征：

1. 情境性。区别于传统的实验研究，设计本位研究是发生于自然情境中的探索。在自然情境下，通过为特定的场合设计学习环境来促进教和学，知识的建构和检验完全是基于真实的情境，因而具有高度情境性和针对性。

2. 迭代性。设计本位研究具有递归本质，它需要研究者与实践者协作来设计能够引起实践变化的干预，并且经过分析、设计、评价、修正的迭代过程不断改进理论和干预，是一种重复的设计与评价的循环过程。

3. 干预性。设计本位研究中研究者需要设计一些人工制品和理论模型应用于实践，这些革新本质上是一种干预。研究过程避免使用"输入—输出测量"的黑箱模型，而是聚焦于干预的理解与完善，对研究过程进行详细的记录，即确保过程的透明与清晰化。

4. 合作性。设计本位研究是教育研究者和教学实践者作为共同体共同参与的研究范式，研究者基于理论对教学系统进行初始干预，实践者主动参与其中，在具体的情境中进行实践，检验干预的有效性，力图改进理论及实践问题。

5. 理论生产性。在一定程度上，干预的设计是基于理论的，但是在教育情境中实践对理论的建构发挥着重要作用。从这个意义上讲，一方面设计是理论驱动的，另一方面设计的实施又有助于理论的建构与提升。设计本位研究具有理论生产性。

6. 实用导向性。研究者认为，一个设计的价值部分地体现在它在现实情境中的实用性。设计本位研究体现了杜威的实用主义思想，其目标不是去检验理论的可行性，而是希望通过设计不断解决现实情境中的问题并且提炼理论，促进理论、设计和实践的相长，最终引起教育实践的持续变革。

上述特征展现了设计本位研究的基本认识论和方法论，从中可以发现，作为教育

---

① Shavelson，r. j. ，Philip，D. C. ，Towne，L. & Feuer，M. J. (2003). On the Science of Education Design Studies [J]. Educational Researcher，32(1)：25-28.
② 祝智庭. 设计研究作为教育技术的创新研究范式[J]. 电化教育研究，2008(10)：30—31.

研究的新范式,设计本位研究超越了传统实验研究和行动研究等倾向于关注"具体"问题的研究方法,对如何改进教育实践、如何发展教育理论以及如何保证知识生产的可靠性等上位问题进行了思考。事实上,设计本位研究综合了各种研究方法和手段促进研究的实施,与当代教育研究方法的整合运用趋势不谋而合。

四、设计本位研究的操作流程

设计本位研究一般呈现出"设计——实施——评价——改进——再实施"的迭代循环过程。班南-瑞特兰德(Bannan-Ritland, B.)指出,设计本位研究的四个阶段包括[①]:(1)了解性探究(Informed Exploration)。支持团队和用户沟通,了解教学的需要并设计出灵活可变的教育干预行动;(2)实施(Enactment)。实践者开始实施设计,然后所有的参与者依据具体情境的评价修正干预行动。实施阶段可能会持续相当长的时间并涉及多个设计循环;(3)具体影响评价(Evaluation of Local Impact)。所有的参与者会通过收集数据,在对干预实践和具体理论发展的互动的形成性评价中分析干预过程,对设计的干预做出本质改变,形成新的设计决策;(4)扩展影响评价(Evaluation of Broader Impact)。超越传统的成果发表即结束的做法,将一个成功的教育干预在更多的教育场景中应用和实践,总结归纳出基本原理和理论。由此可见,设计本位研究的各个阶段相互关联、彼此交融、无法分割。评价贯穿于干预的设计与实施过程始终,干预的设计与实施是在评价的基础上实现的。也有研究者从更为具体的角度将设计本位研究分为九个步骤[②]:

1. 从一个有意义的问题入手:该研究强调从教师、学习者以及其他人所面对的有意义的问题入手。它的目标不是琐碎的问题,而是试图通过所选择的这个问题的解决可以给教育理论与实践发展起促进作用。

2. 与实践者协作:设计本位研究扎根于真实情境,研究者需要与实践者密切合作,同时所有的参与者都应积极地参与到设计与实施的研究过程中,以确保实现教育理论与实践同步发展的双重目标。

3. 整合稳健的有关学与教的理论:设计本位研究的整个过程是由教学与学习的最稳健的理论框架指导的,以此支撑整个研究过程。在设计本位研究从设计到制订、到再设计的过程中,研究者希望能揭示什么在发挥作用,什么没有发挥作用,以及在具

① Bannan-Ritland, B. (2003). The Role of Design in Research: The Integrative Learning Design Framework [J]. Educational Researcher, 32(1): 21 - 24.

② Design-Based Research EPSS[EB/OL]. http://projects.coe.uga.edu/dbr/index.htm, 2018 - 06 - 21.

体的环境中、特定条件下是如何发挥作用的。

4. 进行文献综述撰写、需求分析等，以便生成研究的问题：与其他研究方法论一样，为确定问题，研究者需要从事批判性的文献回顾和需求分析，进而生成研究问题，并阐述研究的理论目标与实践目标。

5. 设计一个教育干预：为了开始解决有意义的问题，需要基于理论框架设计一个教育干预，并且将其置于真实情境中检验干预的有效性。在基于设计的研究中，设计不仅是修正理论和原理的重要工具，同时也是研究的问题所在。

6. 开发、实施和修改设计的干预：从最初的干预开始，在实践中所有参与者需要对其作出评价并进行修订，以形成一个更有效的干预。同时需要详细记录整个研究过程，把干预设计从理论到实践的过程可视化、具体化和可操作化。

7. 评价干预的影响：研究需要收集数据来解释干预如何很好地解决问题，所选择的理论怎样很好地解释学习过程和结果。研究还需要应用形成性评价对干预进行评估，以进一步提炼最初的设计理论，再相应地开发一个更成熟且具有推广价值的设计干预。随着时间的推移，更进一步开发的干预将在相同的、类似的以及更广泛的情境中实施，这样研究者便可以描述设计理论与多种实践之间的相互影响。

8. 循环这个过程：研究到这时还需要对整个过程进行迭代循环，以发展出更具潜力的设计，生成更具价值的支撑学与教的设计理论，最终促进对复杂学习环境的更深层次的理解。

9. 撰写报告：最后研究者需要撰写一系列的进度报告、中期报告、报刊文章等，报道设计本位研究的成果。

上述步骤通常会同时进行，或者有的时候按照不同的顺序加以实施。但无论怎样变化，都应体现出设计本位研究作为"理论驱动的设计过程"和"数据驱动的修正过程（教学策略）"的实质。设计本位研究取径的课例研究遵循其认识论和方法论追求，亦大体按照上述步骤展开。

第二节　设计本位研究取径的课例研究
——以香港的课堂学习研究为例

香港课堂学习研究以变易理论（Variation Theory）作为理论框架，经过几十个研究课的实践，逐步形成一整套系统地开展课堂学习研究的模式。该模式严格地说采用的是设计本位研究的方法,属于典型的设计本位研究取径的课例研究。香港课堂学习研究的实践折射出设计本位研究取径的课例研究的应然面貌,为开拓课例研究的研究视域做出了重要贡献。

一、课堂学习研究的背景及目的

2000 年,由香港教育学院和香港大学共同参与的"照顾学生个别差异——从'差异'开始"(Creating for Individual Differences:Building on the Variation,简称 CIDV)研究计划正式启动。它参照了日本的"授业研究"模式及内地的教研实践,以"变易理论"作为理论框架,在学校实地开展了教师与教研人员密切合作的课堂分析研究。香港教育学院以卢敏玲为首的研究团队开发并逐步完善了这一研究行动,形成课堂学习研究模式。具体而言,就是针对每一节课的教学内容进行集体备课、教学观摩、协同工作,之后开展系统的反思。项目组建了由高校研究人员和中小学学科教师组成的研究团队,共同探究一堂研究课,整个过程包括课前系列会议、课前访谈、先导测试、前测、共同观课、录像、课后会议、学生访谈、后测、反思及分享。随着研究的深入,该模式逐渐成为提升教与学、改善课程的重要方法。教师在其中既是教育者又是研究者,他们通过行动进行反思,通过反思开展更有效的教学[①]。

课堂学习研究的整体目的是通过运用三个层面的变易为前提的课堂学习研究活动,实现更有效的教与学的教师专业发展过程。终极目标是让学生进行更有效的学习。为了达成上述目的,研究团队与中小学教师合作,在三年内总共进行了 29 个研究课的实践。随后,香港课堂学习研究在 200 所中小学校进行推广,为香港推行基础教育改革搭建了一个综合的平台,并为其找到了教育改革的突破口,对学生学习、学校课程、教师专业发展、学校发展都产生了重要的积极影响。

二、课堂学习研究的理论架构

香港课堂学习研究与日本的授业研究和内地的教研活动的最大不同在于,它将一套学习理论——变易学习理论,内嵌于整个研究过程中。变易理论是由瑞典教育心理学家马飞龙(Ference Marton)和他的团队于 20 世纪 90 年代末期所创立的,源自马氏

---

① 卢敏玲,庞永欣,植佩敏.课堂学习研究——如何照顾学生个别差异[M].李树英,郭永贤译.北京:教育科学出版社,2006.

在 20 世纪 70 年代创立的"现象图式学"。马飞龙及其团队基于对学习成果差异的关注,通过大量的研究认为,学习的关键在于一种审视功能的发挥,即学习的成败,取决于学习者能否以某种新的和有意义的方式审视某个事物或现象,辨别异同。[①] 这一理论视学习为一种让学习者对事物的看法产生质的改变的过程,也就是说,学习让学习者对事物有更高明的看法,于是在面对事情的时候有更高明的处理方法。

以往教师们很少以理论来分析自己或同侪的教学行为是否有效,更不用说以理论来指导教学设计了。课堂学习研究引入变易理论作为理论基础,让教师在进行研究的过程中,有效地分析课堂,并为如何改善课堂设计提供有效的指导。变易学习理论的重要元素包括"学习内容"(Object of Learning)、"关键特征"(Critical Features)、"辨识"(Discernment)及"变易(Variation)"等。具体来说,它提供了三个不同层面的变易做指导(V1、V2、V3)。[②]

V1:学生对所学内容的理解的变易

在教师正式进行课堂教学前,学生对教师将要教授的内容,基于自己的知识背景、日常生活经验,已经有了些直观或先入为主的见解,并有着不同的理解方式。这些即为学生对所教内容的理解的变易,显示了对学生而言什么是困难的关键属性,对于设计有效的课堂教学将是一种可贵的资源。这个层面的变易强调教师必须从学生的不同理解出发,找出学生的学习难点,确定教学内容的关键特征并进行针对性地处理。

V2:教师处理学习内容上的变易

教师在长期的教学实践中,积累了大量关于学生、教学内容理解等方面的内隐的、个人的实践知识。这些知识有很大的价值,但通常停留在隐而不显的层面上。通过课堂学习研究,教同级同科的不同教师共同备课,可找出教授学习内容的有效方法,发现更多的教学的可能性。这就是教师对学习内容的不同见解及处理方式所带出的变易。

V3:利用变易作为指导教学设计的工具

为了帮助每一个学生学习,照顾到学生的差异,教师应该有意识地运用他们从学生(V1)和同行(V2)那里所学到的知识来决定应聚焦于学习内容的哪些关键属性、哪些属性应同步进行变易、哪些属性应保持不变,并有意识地设计变易图式,以达到明显的学习效果。

① 李树英,高宝玉.课堂学习研究实践手册[J].安徽:安徽教育出版社,2011:6.
② 李树英,高宝玉.课堂学习研究实践手册[J].安徽:安徽教育出版社,2011:9—12.

三、课堂学习研究的操作流程

香港课堂学习研究呈现了设计本位研究取径的课例研究迭代循环的操作流程。研究前先成立一个研究小组,其成员包括在学校任教同级同科的多名教师,以及两位或两位以上的研究员。每次课堂学习研究都要经历数个步骤,这些步骤不一定以固定的顺序出现,有时候几个步骤会同时进行,有时某些步骤会反复进行数次。具体操作流程如下图(图2-2①)所示:

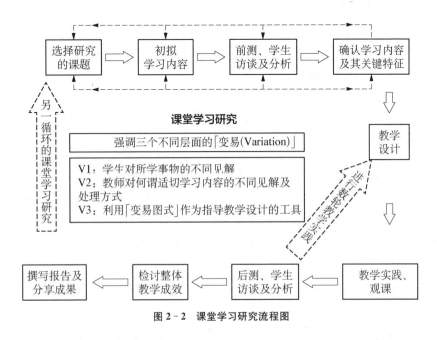

图2-2 课堂学习研究流程图

1. 选取课题并初步拟定学习内容

研究课题通常是教师在教学实践中曾经遇到的教学难题。研究小组通过衡量课题的研究价值及其研究条件,选取一个既有价值又可行的研究课题,并初拟学习内容。学习内容除学科知识外,还可能是通过学习要获取的一种能力或态度。

2. 确认学习内容

进行教学设计前,需要确认学生对学习内容的已有认知,找出关键属性,方法包括分享教师的经验、收集研究文献中的相关资料、对学生进行前测、对部分学生进行课前访谈等。之后还需要再检视学习内容,有必要的话对学习内容进行修订。

---

① 李树英,高宝玉.课堂学习研究实践手册[J].安徽:安徽教育出版社,2011:17.

3. 开展教学设计及课堂实践

小组成员在变易学习理论的指导下,进行一系列的教学设计及实践工作。教师先以学生的已有知识、处理学习内容的经验以及相关研究成果为基础,创设可行的变易图式;接着运用变易图式设计教学;之后,几位教师会分几轮进行课堂实践。每一轮的教学都会进行同行观课及课后会议反思,以便在下一轮的教学中改善研究课。每堂课均会录像以作进一步的分析。

4. 实施教学评价

所有参与研究课的学生都会接受后测,并抽样对学生进行访谈,以了解学生是否达到了学习目标的要求。根据这些学习成果,再从客体上寻找相对应的教学情境,作出分析及提出改善教学的建议。

5. 撰写报告及分享成果

撰写的报告内容包括研究目标、步骤、成果等的记录,并与其他教师及公众分享,所得反馈将成为下一循环研究的重要参考资料。

课堂学习研究的上述操作流程充分体现出其作为设计本位研究的特征。首先课堂学习研究具有情境性与协作性。它是在学校真实情境中开展的教师与研究人员合作的研究,教师把理论当做一种工具和资源,应用理论设计实验,在这里教师既是主要设计者也是研究者,获得了开发由理论驱动的学习环境的机会。[①] 其次,具有理论生产性与实践性。课堂学习研究以变易理论为支撑,运用变易理论作为指导教学设计的工具。它一方面以实践验证变易学习理论,同时又优化了变易理论的教学实用性,即利用变易理论来解决教学实践中的问题,达到了理论和实践双重发展的目的。再次,课堂学习研究具有明显的干预性与迭代性特征。例如,它要求教师与研究者共同设计教学干预,并在研究课的推进过程中收集学生学习的证据,整合量化研究与质性研究相结合的多元研究方法展开分析,检讨整体的教学成效并以之反馈教学,从而改进干预并开展新一轮的教学,最终改善学生的学习成效。

四、课堂学习研究的资料收集与分析方法

课堂学习研究收集的资料包括每次会议的录音及记录、教学设计、学生课堂作业、研究课的课堂录像、前后测试卷、对学生和教师访谈的录音及转录文字等。在资料分

---

① 彭明辉. 用课堂学习研究促进学生学习——一个基于变易理论的案例[J]. 人民教育,2009(9): 41—45.

析阶段,研究者运用变易理论架构,聚焦如下关键点展开分析①:(1)每个研究课所确定的学习内容及相对应的关键属性是否恰当;(2)各次课堂学习研究所创设的变易图式及其对不同成绩的学生的影响;(3)学生的学习:通过分析课堂片段及比较前后测结果,总结学生的学习成果;(4)教与学的关系:前后测的一个主要作用是阐释教师处理学习内容的不同方法与学生不同成果间的关系;(5)课堂学习研究对教师专业发展的影响:通过访谈了解教师是否了解变易理论并能在任教的科目中加以应用,教师在协作中是否得益,教师是否清楚学生在某一学习内容上的已有知识及学习难点,教师是否更有信心处理班级个别差异问题。

第三节　设计本位研究取径的课例研究案例
——以具身视角下的学习活动设计为例

下文以具身认知视角下的学习活动设计研究为例,具体阐述设计本位研究取径的课例研究案例②。该案例以具身认知理论作为学习活动设计的理论基础,对学习活动的构成要素进行了重新阐述,建构了具身性学习活动设计框架,同时在设计本位研究的过程中发展了作为新的教学设计范式的具身认知理论,赋予了该教学设计范式新的内涵。

一、研究流程

参照设计本位研究和香港课堂学习研究的操作流程,本研究的整体操作流程如图2-3所示:

研究在"设计"与"迭代"的思想下展开,通过在真实情境中设计、实施并探究具身性学习活动的效果,检验其对学生认知发展的促进作用,为教师进行学习活动设计提供理论支持和实践指导。

二、研究过程
(一)选择研究对象

从国外对具身学习的实证研究中可以发现,儿童和青少年的身体活动确实与教学

---

① 卢敏玲."课堂学习研究"对香港教育的影响[J].开放教育研究,2005(3):84—89.
② 本案例参考邵丽.具身认知视角下的学习活动设计研究[D].华东师范大学课程与教学系硕士论文,2018.已获得作者许可与审阅.

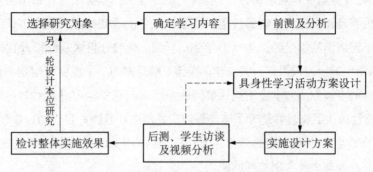

图 2-3 具身性学习活动设计研究流程图

法的效能相关。身体活动与学习经验的结合能够促进参与和提升能动性,增加对自我行动的认知,提升创造性和促进反思。[①] 即使是抽象概念的获得,也并不是以其符号系统和表征形式为基础的,而是以情境的、空间动态的和身体的活动为基础的。但在中学的课堂上很少看到学生的身体活动,大家都默认只有倾听教师的讲授并接受大量的练习才能高效地掌握抽象概念。实际上这与抽象概念的学习机制相违背,因为学生"知其然而不知其所以然",学习的知识不能帮助他们在未来解决现实情境中的问题。基于此,本研究选取某市 F 中学的一位高一地理教师和其所任教的 A、B 两个平行班展开课例研究,以期凸现具身性学习活动设计对学生学习的价值。所选择的两个班级的人数、性别比例以及前测成绩均处于相近水平,所学的课程内容一致。

(二)确定学习内容

本次研究确定的学习内容为"地球上的伙伴——月球",主要是出于以下考虑:一是为了不打乱教学节奏,保持学生知识体系学习的连贯性;二是对绝大多数学生而言,高中地理中的天体运动是较抽象的内容,呈现出地理学科宏观性的特征,学生经常以为地球和月球运动是自个儿的事情,因此很容易将各天体运动与整个天体系统运动体系割裂开来。本节内容属于"宇宙与地球"中的重要内容,涉及较为抽象的天体运动,具有动态性和复杂性,为设计学生身体行动提供了可能性。

(三)前测及分析

为了解学生已有的知识经验,把握学生对月球相关知识的了解程度,从而有针对、

---

① Price, S., & Rogers, Y. (2004). Let's Get Physical: The Learning Benefits of Interacting in Digitally Augmented Physical Spaces. Journal of Computers and Education, 15(2), 169-185.

有侧重地设计学习活动,教师课前设计了前测试卷,在 A、B 两个班级发放。试卷有填空和选择两种题型,包括 4 道填空题和 6 道选择题共 10 道题,每题 10 分共 100 分。在获得学生成绩后,利用 SPSS 进行方差齐性检验,结果如下表所示。两个班级方差齐性(p=.371)。t 检验结果显示,两个班级前测成绩不存在显著差异(t=.126,p=.900),据此认为两个班级的学习水平相当。

表 2-2　A、B 两班前测成绩统计表

		Levene's Test for Equality of Variances		t-test for Equality of Means						
		F	Sig.	t	df	Sig. (2-tailed)	Mean Difference	Std. Error Difference	95% Confidence Interval of the Difference	
									Lower	Upper
前测成绩	Equal variances assumed	.811	.371	.126	76	.900	.3164	2.5029	−4.6685	5.3014
	Equal variances not assumed			.127	75.963	.899	.3164	2.4923	−4.6475	5.2803

接着,为了解两个班级学生知识掌握的具体情况,研究团队对两个班级每道题的错误率进行了统计,统计结果见表 2-3。在对前测试题分析后,可以发现,学生对月球表面的自然环境了解一点,但不够全面且知其然而不知其所以然。虽然在晴朗的夜空大多时候都能观测到月亮,但学生并未认真观察过,对月球的运动及月相周期性变化更是陌生,因此本节课在学习月球表面的自然环境特征后,将重点探究月相变化的成因。

表 2-3　前测错误率统计表

班级	题号										平均错误率
	1	2	3	4	5	6	7	8	9	10	
A 班	8.1%	5.4%	10.8%	0	48.6%	5.4%	51.4%	2.7%	40.5%	8.1%	18.1%
B 班	0	2.4%	29.3%	0	36.6%	0	44%	2.4%	41.5%	4.9%	16.11%

(四) 具身性学习活动的设计与实施

1. 具身性学习活动设计的理论框架

具身认知理论的核心观点是身体与环境交互作用促进认知的发展。这里所指的"身体"已超越了生物学意义上的"躯体"、"肉体",指的是能主动体验、产生经验、形成情绪的具有主体间性意义的生命体。因而,"具身"包括了个人的身体行动和社会的身体互动,具身认知期望借助这两个层面的身体活动产生理想的认知效果。

具身性学习活动设计的理论框架是在已有文献梳理的基础上形成的。框架的纵向维度是具身性学习活动设计的要素。依据活动理论对活动系统的要素分解①,具身性学习活动设计要素包括学习者(学生)、学习目标和内容、学习工具、学习任务、学习共同体、活动规则和活动结果评价等。框架的横向维度是对每个要素具身特征的描述,它是借鉴了布莱克(Black,J. B.)等人提出的具身类型②、克莱默(Klemmer,S. R.)等人提出的具身交互思想③,以及亚伯拉罕森(Abrahamson,D.)总结的具身设计原则④,并结合研究者对国内外已有研究中具身特征的考察总结得出的。

(1) 具身类型

布莱克等人提出的具身类型包括物理具身和想象具身。物理具身包括:一是直接具身(Direct)。指完全基于学习者的身体生成所学,以获得本体感受经验(Proprioceptive Experience)。二是代理具身(Surrogate)。指由学习者控制,通过操纵一个外在"代理"来表征这个个体。三是增强具身(Augmented)。指利用一个表征系统连同一个增强反馈系统将具身的学习者嵌入一个增强的表征系统中。

想象具身是指通过想象获得具身感受和经验。

(2) 具身交互思想

克莱默等人提出的具身交互思想主要体现在以下四个方面:一是在做中思考(Thinking through Doing)。指思考(心智)和动作(身体)紧密结合,共同帮助我们学习和推理。二是用肢体动作表现(Performance)。我们有能力展示丰富的肢体语言,并

---

① Engeström.(2000). Activity Theory as A framework for Analyzing and Redesigning Work [J]. Ergonomics,43(7):960-974.

② Black,J. B.,Segal,A.,Vitale,J. & Fadjo,C. L. Embodied Cognition and Learning Environment Design [A]. In Jonassen,D. & Lund,S.(Eds.). Theoretical Foundations of Learning Environments [C]. New York:Routledge,2012.

③ Klemmer,S. R. & Takayama,L. How Bodies Matter:Five Themes for Interaction Design [EB/OL]. http://bjoern.org/papers/klemmer-dis2006.pdf,2017-04-24.

④ Abrahamson,D. & Lindgren,R. Embodiment and Embodied Design [EB/OL]. http://cambridge.org/core,2017-04-20.

且肢体动作比抽象的象征性的认知更快速、更细致入微。三是可视化（Visibility）。指通过人工制品使学生合作和协作学习的成果可视化。四是丰富的练习（Thick Practice）。由于追求数字化实现的逼真情境有一定的难度，具身交互需要更谨慎地实施并提供丰富的练习。

（3）具身设计原则

亚伯拉罕森总结出的具身设计原则有三条：一是协调"做"和"思考"两个认知系统的学习。这是指对知识的深层理解建立在身体与现实世界互动的意义基础上，在使抽象符号直观化的同时不能使具身活动落入无反思模式。二是设计抽象概念的模拟操作，作为概念化演示的框架。这是指所有正在进行的意义建构、问题解决、甚至是操作符号的过程都是具身的，它们都能刺激自然的感知运动系统，因此需设计映射概念的身体动作促进对概念的理解。三是开发工具设备支持和塑造认知活动，这些工具可以是生物的、物理的、认知的。人工制品影响认知，这种影响主要是指当我们利用这些人工制品发展操作技能时，它们可增加我们经验的适应性。

在上述分析的基础上，研究者将具身视角放入活动系统中，以此解释具身性学习活动不同要素的具身特征及它们之间的关系，构建适用于中小学课堂的具身学习活动设计框架（见表 2 - 4）。

表 2 - 4　具身性学习活动设计框架

活动要素	具身特征描述
学习者	在对学生的特征进行分析的前提下，设计要调动学生多感官通道和运动系统参与学习，促使学生采用感知觉和运动知觉判断刺激的特性并执行新行动。
学习目标和内容	对学习内容的具身特征进行分析，确定学习目标序列，并在活动中加入具身因素。
学习工具	开发生物的、物理的、认知的工具支持和塑造认知活动，通过操作工具，模拟概念演绎过程使其可视化。
学习任务	创设与学生身体行动有关的任务情境，依据共同体成员的特征进行明确分工，使成员能充分参与。
学习共同体	共同体成员充分交流协作，实现社会交互；教师提供脚手架来刺激学生采取身体行动，并通过人工制品使学生合作学习的成果可视化。
活动规则	具身性学习活动中的规则包括共同体合作规则、学生身体活动的规范等。
活动结果评价	具身性学习活动强调以表现性评价为主，鼓励学生在自然的情境中展示自己的学习成果，以此诊断学生达成学习目标的情况。

每个要素的具体描述如下：

学习者。在具身性学习活动中强调学生的主体地位，准确地说是要凸现学生身体是认知的主体，身体动作本身就是学习过程的一部分。因此在学习者特征分析时尤其应注意将学生对具身性活动的态度与具身活动能力纳入其中。

学习目标和内容。关于学习内容，不同学科内容和同一学科不同知识的具身特征都有差异，阮莹（Nguyen, D. J.）等人依据具身特征将学科分为三类①：第一类是与身体存在固有联系的学科，如体育、音乐、手工等；第二类是社会本位的学科，如语言、历史、品社等学科；第三类是隐含空间特性的学科，如科学、数学、地理科学等 STEM 学科。根据布莱克提出的具身活动类型，在学习活动中可以让学生通过物理具身获得直接经验，以想象具身来维持所获得的经验，从而促进知识迁移。认知科学领域的研究也充分肯定了身体对认知的功能，但并不是所有的学习内容都能从具身视角出发进行设计，因此在进行具身学习活动设计前教师需要对学习内容的具身特征进行分析，在设计中适切地加入能促进学生认知发展的具身因素。

学习工具。关于学习工具，具身性学习活动需要多元化的中介工具帮助学生感知、体验、行动，帮助学生通过身体运动（动觉或本体感受）与环境互动，从而使学习体验得以具体化。使用工具的行为不是简单地导致内在结构顿悟的结果，其本身就是连续的具身活动的过程②。

学习任务。学习任务设计是学习活动设计的中心。具身性学习任务可细化为学生的学习行为、操作，通过在共同体成员中分配任务并使其身体行为内化促进学习的发生。具身性学习活动任务的设计须基于精心设计的学习情境，与学生的身体实践有关，体现情境性、实践性、协同性、创新性的特征。确定了学习任务后，还需要依据学习者的兴趣、能力、需求等因素，对共同体成员进行明确、合理的分工，以调动成员的参与。

学习共同体。具身性学习活动特别强调主体要与他人合作，使主体与共同体通过相互引领，共同在活动中完成意义的建构，实现身体的社会化，因此设计者要考虑创设让学生置身于"学习共同体"的氛围。同时，教师作为促进中介承担着辅助学生学习的作用，需要采用包括身体示范、联合制作、利用多媒体呈现视听和触觉多感官体验等脚

---

① Nguyen, D. J. & Larson, J. B. (2015). Don't Forget about the Body: Exploring the Curricular Possibilities of Embodied Pedagogy [J]. Innovative Higher Education, 40(4): 331 - 344.

② Rambusch, J & Ziemke, T. The Role of Embodiment in Situated Learning [EB/OL]. https://www.researchgate.net/publication/228760284, 2017 - 05 - 12.

手架,来刺激学生采取能引出所期望的概念领悟的运动或身体行动。[①]

活动规则。规则是学习共同体成员必须共同遵守的准则、约定、标准等,包括任务完成规则、协作交流规则、工具使用规则等。具身性学习活动中学生的身体行为就是认知的一部分,通过规则规范学生的身体动作,才能更快、更好地促进知识内化。

活动结果评价。活动结果能反映学习活动的质量。教师可以通过学生的身体表现了解其对知识的理解程度,评价的重点在于学生将新学习的知识和技能迁移到真实问题情境的能力。

2. A班学习活动设计及实施

(1)具身性学习活动的设计

参考前测对学习者的分析及学习内容的特征,教师设计了有重点、有层次的学习目标。首先通过观察图片,小组讨论并总结月球的自然环境特征及其成因;接着在直接具身活动中,获取"月球自转和绕地球公转同步"的知识,并能解释"地球上的人永远只能看到月球的正面"的原因;通过想象具身,即观看月相变化的 FLASH 动画,理解月相变化的规律及成因。具体的三维目标如下表。

表 2-5 "地球上的伙伴——月球"学习目标

知识与技能	1. 了解月球表面的特殊环境特征及其成因; 2. 了解月球总是同一面朝向地球的原因; 3. 把握重要月相的名称及对应的农历时间; 4. 了解新月、上弦月、满月、下弦月依次出现的规律。
过程与方法	1. 自主构建逻辑思维导图,进一步探讨月球表面的环境特征; 2. 通过演示月球的自转和公转运动的亲身体验活动,探究"地球上的人永远只能看到月球正面"的原因; 3. 观看月相变化的 FLASH 动画,总结归纳月相变化的规律及成因。
情感、态度与价值观	1. 通过"地球上的人永远只能看到月球正面"的身体行为演示,形成自由、独立、主动的探索心态; 2. 在观测、交流等活动中探究月相成因及变化规律,培养观察能力及合作探究精神。

在随后的学习活动设计之初,教师进行了学习共同体的创建工作。根据班级人数,将 A、B 两个班均分为 6 个学习小组。组长由组内成员民主选出,承担着分配学习任务、协助教师组织活动的职责,另外在具身活动中起身体示范的作用。

---

① Abrahamson,D. & Lindgren R. Embodiment and Embodied Design [A]. In Sawyer,R. K. (Eds.). The Cambridge Handbook of Learning Sciences [C]. New York:Cambridge University Press,2014.

根据学习目标序列,研究者在 A 班设计了如下的学习活动:

活动一:合作探究月球的自然环境及其成因

情境创设:1969 年 7 月 21 日,这是一个值得纪念的日子。(出示相关图片)这天,美国宇航员阿姆斯特朗成功地登上了月球,在月球上留下了人类的第一个脚印。纵使千百年过去,这个脚印仍不会消失,这是为什么呢? 这就需要我们了解月球的环境特征。

学习工具:学习单

任务一:对比月球和地球,说说月球引力有多大,判断月球表面能否吸引大气。

任务二:小组讨论月球外部没有大气层会产生哪些与地球不一样的环境特征,构建"月球自然环境特征及其成因"知识结构图。

活动二:通过直接具身活动,探究"地球上的人永远只能看到月球正面"的原因

学习工具:学习单

学习任务:根据要求进行身体行为演示,小组成员观察、记录实际情况,归纳"地球上的人永远只能看到月球正面"的原因。

(1)根据观测的实际情况作出选择,完成表格内容。

月球运动状况	正面	背面	正面和背面
假设月球只自转不公转			
假设月球只公转不自转			
假设月球自转和公转周期相同,方向一致			

(2)"地球上的人永远只能看到月球正面"的原因:_____。

活动规则:每个小组轮流派出一位同学进行演示,演示的学生面部代表月球的正面,后脑代表月球的背面,按照活动步骤逐步演示,其他同学作为地球上观测的人,根据观测的实际情况作选择。

身体演示过程:

A. 学生 S 与小组成员面对面,假设月球只自转不公转,在学生 S 自转一周的过程中,小组成员根据看到的学生 S 面部和后脑的情况,在表格内作选择;

B.学生S与小组成员面对面,假设月球不自转只公转,在绕小组成员公转一周的过程中,小组成员根据看到的学生S面部和后脑的情况,在表格内作选择;

C.学生S模拟月球自转的同时又绕地球公转,假设自转和公转的周期及方向一致,小组成员根据看到的学生S面部和后脑的情况,在表格内作选择。

活动三：通过观看 FLASH 动画,在想象具身中探究月相成因及变化规律

学习工具：月相变化的 FLASH 动画、学习单

学习任务：观察动态的"月相成因示意图",讨论当月球在公转轨道上分别位于1、2、3、4位置时,日、地、月的空间位置关系是如何的,月相形状如何,对应的农历时间。完成学习单上的表格。

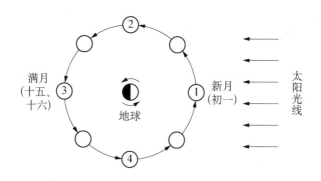

月球位置	月相名称	画出月相形状	日、地、月位置关系	农历时间	月相变化成因
1	新月				
2	上弦月				
3	满月				
4	下弦月				

设计意图：FLASH 动画较图片能更生动地展现月相变化的过程,学生在观察中通过想象将自己嵌入到宇宙环境中,再通过小组合作探究月相的成因,可培养其观察能力、分析能力、空间想象能力。

活动四：巩固练习,深化认知

学习工具：学习单

学习任务：判断图 1、图 2、图 3、图 4 中的 4 个不同位置的月相

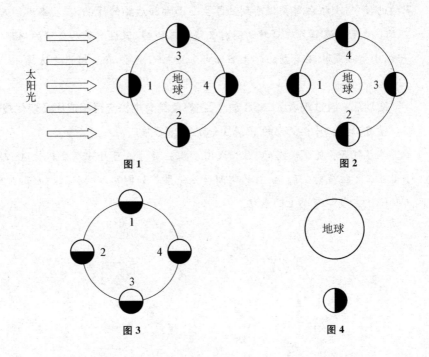

（2）具身性学习活动的实施

A 班 37 人分为了 6 个学习小组，除有一个小组 7 人外，其余均是 6 人。学习共同体成员围坐在六边形桌子旁，开展了如下学习活动。

表 2-6　A 班学习活动实施过程表

	活动一	活动二	活动三	活动四
活动导入	教师以一张图片揭示了"美国的阿姆斯特朗才是第一个踏上月球土地的人"，纠正了学生认为是前苏联第一个登上月球的想法。以"月球上留下了一个脚印，半个多世纪过去了这个脚印依旧没有消失，如果不出意外，千百万年以后这个脚印还会停留在这上面"设疑，引出对月球自然环境的探讨。	教师出示了月球的正面图和背面图，设疑"我们每次在看月球时，无论何时何地所看到的都是月球的正面，无法看到月球的背面，为什么呢"，继而引导学生在具身性活动中开始探究其中的原因。	教师以苏轼的名句"人有悲欢离合，月有阴晴圆缺"导入，以图片展现月球亮面的变化形成的各种形状，引出"月相"概念。设疑"不同时候看到的月相是不一样的，为什么会出现这种现象"。	教师给出四幅图，学生小组讨论并判断不同位置的月相是什么。月相的变化规律及成因是本节课的难点，通过课堂练习可考察学生的知识掌握程度，以评价学生的学习效果。

	活动一	活动二	活动三	活动四
活动过程	教师出示月球和地球的照片,学生通过图片和数据直观地感受月球体积小、质量小的特征。同时月球上没有引力也就无法留住大气和水,学生两人一组讨论"月球上没有大气,那自然环境和地球有什么不同"。教师指示两人一组讨论,但实际讨论中还是整个小组一起。教师在小组间俯身倾听、指导。讨论氛围热烈,学生联系生活体验,既有理性的思考又有丰富的想象。学生总结出了月球上干燥、温差大的特点。当学生没有讨论到其他几种现象时,教师在 PPT 上展示了月球自然环境特征图,并对每个特征一一进行了解释。接着教师借助图片讲授了"月陆""月海"、"环形山"。	教师首先说明活动规则:每组推选一位同学扮演月球,所要做的就是按照要求转动。每组在课前都推选了组长,此时组长承担了身体示范的角色。坐在座位上的同学扮演在地球上观测的人,观察当月球处于不同的三种状态时,自己所能看到的是"月球"的正面还是背面。首先假设月球只自转不公转,扮演月球的同学开始在原地"自转",转动一周停止,观测的同学记录。接着月球只公转不自转,教师提示"月球"转动时动作慢点。扮演月球的同学始终以平移的姿态绕小组成员一周,此时小组成员既能看到"月球"正面也能看到背面。最后月球的自转和公转周期相同,方向一致,小组成员只能看到"月球"的正面。在小组活动中学生得出结论:因为月球自转和公转周期相同、方向一致,所以我们所看到的都是月球的正面。	课件展示"月相变化示意图"。教师首先对示意图的基本信息进行了说明。接着对照示意图详细地讲解月相的几种变化,利用表征手势模拟日、地、月三者之间不同关系。学生通过观看 FLASH 动画观察不同月相的形状,日、地、月三者的位置关系,在教师的引导下思考月相变化规律,完成学习单的内容。	教师给出四幅月相图,请学生判断不同位置的月相。第一幅图中,学生能准确地回答 1 是新月、4 是满月,但在上弦月与下弦月的判断上出现了问题。究其原因,是因为学生对月球公转的方向没有理解透彻;第二幅图中,学生的四个月相都判断错误,学生知道首先从月球 1 的亮面判断太阳的位置,但没有以地球上的人观测的角度判断此时的月相。对于第三、四幅图中的月相,学生均能准确说出。
具身特征		以学生身体的正面隐喻了月球正面,身体的背面隐喻了月球的背面,通过直接具身,也就是完全基于学生身体活动展现抽象的知识,学生用身体活动演绎了三种假设,从而理解了地球上的人只能看到月球正面的原因,获得了本体经验。	以 FLASH 动画演示了月相的变化过程,相较于静止的图像,动画的呈现更富有空间感,调动了学生的视听感官,学生通过想象具身理解了月相的变化规律。	

（3）对 A 班学习活动的分析与反思

为了解此次的具身性学习活动设计对学生学习效果的影响,研究者对学生进行了后测和访谈,以获得全面而科学的改进依据。

● 后测结果分析

课例实施后,研究者为了解学生的学习结果设计了后测试卷。试卷包括 10 道选择题和 1 道能够引发学生解释和判断的开放性综合分析题,考查内容涵盖了本节课所有的学习内容。

选择题错误率高达 40.5% 的第 10 题,题为"判断四幅图中哪一幅是上弦月",图中没有将月球的亮面和暗面直接表示出来,与课堂练习中的四幅图相比难度提高。错误答案基本都选择了 A,显然学生受到了惯性思维干扰,认为在地球上方的就是上弦月,没有仔细分析此时的日、地、月位置关系。综合分析题第 3 小题是"在地球上人们只能看到月球正面的原因",虽然教师设计了具身性学习活动帮助学生理解,但仍然有较多学生表达不准确,说明教师在活动中缺少对"周期相同、方向一致"的强调,且在学生演示第三种假设时疏于指导,导致学生的身体行动不规范,与认知没有协调一致。

表 2-7　选择题错误率统计表

班级	题号										平均错误率
	1	2	3	4	5	6	7	8	9	10	
A班	5.4%	0	0	0	0	27%	32.4%	5.4%	13.5%	40.5%	12.42%

表 2-8　综合分析题错误率统计表

班级	题号						平均错误率
	11(1)	11(2)	11(3)	11(4)	11(5)	11(6)	
A班	64.9%	8.1%	35.1%	27%	21%	35.1%	31.87%

● 学生访谈

除通过纸笔测验来呈现客观的学习活动结果外,学生的课堂感受也是教师改进教学设计的重要参考,为此在课堂结束后研究者选择了 A 班的 6 位学生进行访谈。从访谈分析中可以得出以下信息:一是判断上弦月和下弦月时仍存在困难,知识迁移能力不够;二是希望活动二可以有更多学生参与,活动三由 FLASH 动画变为亲身体验。

● 教师的自我反思

在对 A 班具身性学习活动设计进行反思后,教师明确了从以下几点进行改进:首先,活动三中应设计能调动学生身体行为的体验,以促进其对月相变化规律及成因的深度理解;其次,在活动二的开展过程中应重视对学生身体活动规则的说明,以提高身体活动的规范性,从而真正发挥其促进学生认知的作用;再次,应设计更多元的学习工具,因为使用工具的过程也是具身参与的过程;最后,要尽可能使学习共同体成员都能参与其中,以获得更多行为体验的机会。

3. 具身性学习活动设计的改进与再实施

研究者在反思的基础上对新一轮教学的学习目标和学习活动进行了修改。首先在学习目标上,由"观看 FLASH 动画,理解月相变化规律和成因"变为"运用自制的'月球',演绎月球的公转过程,理解月相的成因和规律"。情感态度价值观目标也相应变为"在演示、观测、交流月相成因和规律的具身体验中,培养动手能力、观察能力及合作探究能力"。其次在学习活动上,除了增加成员体验的机会和更清晰地说明了活动规则外,有较大改变的是探究月相成因及变化规律的活动,由 FLASH 动画变为行为体验活动。

活动三:在具身体验中探究月相成因及变化规律

学习任务:运用自制"月球"(建议为一半涂黑的网球),演示月球公转,归纳月相变化的原因。网球分为亮面与暗面,黑板代表太阳,能发出平行光线,网球的亮面代表被太阳照射的部分。小组内分别派出同学手拿网球代表月亮,网球亮面半球始终对着黑板方向,按照学习单(同 A 班活动三的学习单)上的活动步骤逐步演示月球在四个不同位置的情况,其他同学观察并在表格中画出相应的月相情况(网球留白形状)。

接着在 B 班实施改进后的学习活动设计,同样是分为 6 个学习小组,因为 B 班较 A 班人数多出 3 人,因此有 2 个六人小组和 4 个七人小组。教师在课前准备了一半涂上黑色阴影的网球作为探究月相变化规律的工具,与学习单一起放在每个小组的桌上。活动一和活动二的流程与在 A 班实施时的情况大体一致。只是在活动二中,教师特别强调了"月球自转和公转周期相同、方向一致"的转法,并作了身体行为的示范;在规则说明中教师也提出,三种假设分别由三名同学演示,以为更多学生提供活动的机会。活动三则采用了直接具身的方式,让学生通过身体行动体验月相的变化规律。活动三的具体实施过程如表 2-9 所示。

表 2-9　B 班活动三实施过程表

	活　动　三
活动导入	苏轼有句名句："人有悲欢离合,月有阴晴圆缺。"我们观测月球时会发现它的亮面会发生变化,这种变化我们称为"月相"变化。不同夜晚我们看到的月相是不一样的,让我们一起来探究一下为什么会有这种变化。
学习过程	教师首先对活动规则进行说明。同学们桌上都有一个网球(有学生开始好奇地拿起网球摆弄),假设黑板的方向是太阳的方向,太阳发射的光是一道平行光,坐在座位上的同学就是地球上观测月相的人。网球代表月球,我们可以看到有绿色和黑色两面,绿色这面就是能被太阳光照亮的,而黑色这面是无法照到太阳光的一面。(此时教师手拿网球进行说明,学生一边摆弄网球一边听老师讲解)每组推选同学轮流拿着网球,按照学习单上四个不同位置摆放网球,其他同学观察并作好记录。 假设月球位于位置 1 的时候,每组推选了一位同学站到位置 1 举起网球(依旧是组长先进行演示),组内其他同学观察并记录在学习单上,画出此时看到的月相形状。 接着分别演示位置在 2、3、4 时月相的情况,每组换不同的同学演示,其他同学边观察边完成学习单,尽可能使小组成员都能亲身体验不同的角色,充分参与活动。
具身特征	网球隐喻了月球,通过网球与黑板、地球上观测的人不同的相对位置,能够直观地看到不同的日、地、月位置关系下的月相形状。此时物理环境中的黑板以及学习共同体成员都成为概念演绎的一部分,学生身体完全嵌入到环境中,与环境融为一体。学生的亲身活动展现和发展了学生的思维。

三、研究结果

1. 后测结果

在对 A、B 两班学生成绩统计后(如图 2-4 所示)发现,B 班 85 分以上的人数为 32 人,占 80%;而 A 班 85 分以上的有 23 人,占 63.2%。将 85 分及以上分数定义为优秀,从统计结果可以清晰地发现 B 班的优秀率与 A 班相比有了一定程度的提高,尤其

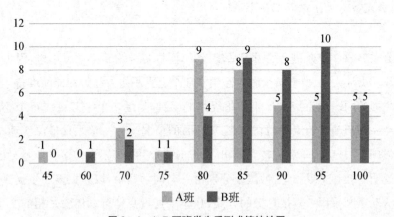

图 2-4　A、B 两班学生后测成绩统计图

是集中在 90 分以上的人数有了明显增加。在平均成绩上，A 班为 85.27 分，B 班为 88.25 分，B 班的后测平均分较 A 班也有了较大提高。

通过对后测试卷的统计（如表 2－10、表 2－11 所示），发现 B 班较 A 班平均错误率有了明显下降，通过对质性材料的解读也能发现，B 班学生对知识有了更深入的理解。

表 2－10　后测选择题错误率统计表

班级	题号										平均错误率
	1	2	3	4	5	6	7	8	9	10	
A 班	5.4%	0	0	2.5%	0	27%	32.4%	5.4%	13.5%	40.5%	12.42%
B 班	0	0	0	0	0	12.5%	12.5%	5%	7.5%	12.5%	5.25%

表 2－11　综合分析题错误率统计表

班级	题号						平均错误率
	11(1)	11(2)	11(3)	11(4)	11(5)	11(6)	
A 班	64.9%	8.1%	35.1%	27%	21%	35.1%	31.87%
B 班	42.5%	5%	22.5%	26.5%	7.5%	45%	24.83%

2. 视频分析

通过对视频的编码、统计，如图 2－5、图 2－6 所示，可以发现 A、B 两班在生生互动时间比例上相差不大，均改变了以教师讲授为主的教学方式，但在具身互动上则有较大差异，B 班学生具身活动的时间明显多于 A 班。

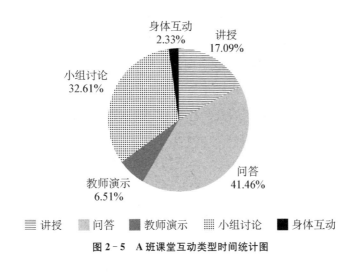

图 2－5　A 班课堂互动类型时间统计图

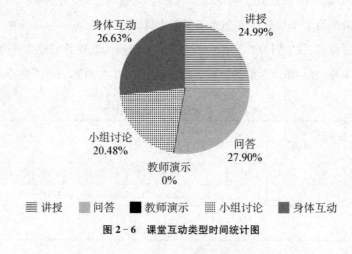

图 2-6　课堂互动类型时间统计图

表 2-12　课堂互动类型时间统计表

	师生互动			生生互动		合计
	讲授	问答	教师演示	小组讨论	身体互动	
A 班	7 分 05 秒	17 分 11 秒	2 分 42 秒	13 分 31 秒	58 秒	41 分 27 秒
B 班	9 分 53 秒	11 分 02 秒	0 秒	8 分 06 秒	10 分 32 秒	39 分 33 秒

　　通过统计,得出 A 班师生互动的时间分别为 26 分 58 秒,占 65.06%,生生互动的时间为 14 分 29 秒,占 34.94%;B 班师生互动的时间合计为 20 分 55 秒,占 52.87%,生生互动的时间为 18 分 38 秒,占 47.13%。B 班生生互动时间所占比略多于 A 班。具体到各类型上,从扇形统计图可以看出,A 班生生互动时间占 34.94%,B 班占 47.11%,B 班在生生互动时间比例上略多于 A 班,但 B 班学生的身体互动为 26.63%,明显多于 A 班的 2.33%,学生身体投入到学习的时间更多且程度更深入。

　　在对课堂结构进行编码后,研究者专门选取了具身性学习活动片段,主要集中在活动二和活动三中,以重点观察的一个学习小组学生的身体行为来具体分析学生在活动中的身体参与程度(见表 2-13),其中学生姓名以姓氏首字母替代。总的来看,相较 A 班,B 班学生与环境互动的程度更深,此时的具身性活动面向群体性学生,即使是不在演示的学生也没有被排除在学习活动外,而是成为学习环境的一部分,参与到学习过程中。B 班学生参与的活动具身程度更高,与环境的互动更深,对知识的理解也更深入。

表 2-13　A、B 两班具身片段分析表

层级	描述	A班具身片段	B班具身片段
第一级	用多媒体技术调动学生视听感官参与学习,不涉及运动系统。	活动三:教师伴随手势逐一对图上各元素进行讲解,学生全部面向黑板方向。接着根据平面的、静止的图像分析不同月相的形状,日、地、月位置关系以及农历时间。	
第二级	学习者仅通过上肢运动来模拟学习内容或是操纵学习工具。		活动三:教师阐述完规则后,第三小组还是先由小 D 手举着网球站到新月的位置,其他成员一边观察一边填写学习单。接着其他三位成员依次按要求演示。
第三级	学习者整个身体参与活动与环境互动,但在空间上没有较大移动。	活动二中的假设 1"月球只自转不公转"的演示:教师阐述完规则后,小 L 作为第六组组长首先演示。他在原地逆时针方向转了一圈模拟月球的自转,其他小组成员都认真观察。	活动二中探究"地球上的人为什么永远只能看到月球的正面"时的假设 1"月球只自转不公转"的演示:教师阐述完规则后,小 D 作为第三组组长主动站了出来,他的体型有些庞大,扮演用月球自转的时候,身体摇摇晃晃,其他小组成员负责观察记录。
第四级	学习者不仅整个身体参与学习活动,而且在学习环境中移动和变换位置,以模拟知识产生的过程,在整个环境中感知和思考。	活动二中的假设 2"月球只公转不自转"、假设 3"月球公转和自转周期相同方向一致"的演示:依然是由小 L 演示。他先绕着小组成员以在空间中平移的方式逆时针转了一周,接着演示"公转和自转周期相同方向一致"。	活动二中的假设 2 和 3 的演示:小 D 回到座位后,指定小组内另一位同学小 Z 演示假设 2。演示假设 3 时,小 D 又重新指定小 M 站起来演示。这次演示的难度较大,刚开始小 M 自转的方向就反了,小 D 及时提醒他重新调整。活动三的演示:第三小组由 4 位不同成员手拿网球,站在相应位置上。位置的变换也隐喻了月球运动的过程,座位上的学生将观察到的网球亮面形状和月相联系起来。此时操纵网球(月球)的同学、座位上的学生(地球)、黑板(太阳)完全交互,学生完全嵌入到环境中。

3. 访谈结果

通过对访谈记录的分析,研究者了解到,具身活动给学生留下了深刻的印象,提高了学生学习的积极性,激发了学生的学习动机;通过与学习共同体合作完成学习任务,在其中交流观点,进行思维的碰撞,学生在身体互动中获得了更良好的情绪体验。在具身性学习活动中,学生已经把与知识相映射的活动过程印刻在脑海中,在需要用到的时候,就能像电影胶卷一样自动放映,唤起了已有的身体经验。此时知识成为身体

的一部分，与学生身体体验密切相关，不再是需要付出大量的努力记忆的枯燥的知识，自然能取得更好的学习效果。教师也认识到具身性学习活动对学生学习兴趣的激发，是真正促进学生发展的长久之计。看似牺牲了课堂教学的时间，耽误了教学进度，其实只是将重复练习的时间压缩而已，但对促进学生对知识的深度理解是大有裨益的。

四、结论与建议

（一）结论

1. 具身性学习活动能对学生学习产生积极的影响

通过此次课例研究，我们可以发现，具身性学习活动能够有效地促进学生的学习。首先，通过具身性学习活动，学生对知识的掌握程度有所提高，尤其对抽象概念的掌握作用明显；其次，促进了学生对知识的深度理解，实际上这是由于具身学习方式改变了以往学生死记硬背的机械化的学习方式，不仅在形式上使身体获得自由，而且能促进学生全身心地投入，使身体获得更多的体验；第三，在具身活动中学生与环境的互动程度明显加深，不仅表现在互动时间的增多，由以教师讲授为主变为学生在互动中自主建构知识，还体现在互动类型的丰富，包括与物理环境和人的环境的互动。比如，在师生互动和生生互动中出现了身体的互动，不再是以"师生问答"和"生生讨论"贯穿整堂课。更重要的是，身体的互动也让学生在学习共同体中沟通了情感，使学生获得了良好的情绪体验。

2. 不同层次的具身性学习活动对认知的影响有差异

具身性学习活动是调动学生多通道感官参与学习的过程。根据身体参与的程度，具身可以分为物理具身和想象具身，共四个不同层级，层级越高，学生与环境的互动程度越深。观看FLASH动画也属于具身方式的一种，它能帮助学生通过视听通道参与学习，但通过想象具身与动画的内容互动，属于低层次的具身。直接的物理具身比想象具身更直观，更能促进学生参与学习。当学生作为学习主体在空间中移动时，学生是完全沉浸在学习环境中进行知识建构，与环境充分交互，这是高投入的具身学习。在本次课例研究中，B班学生参与的活动具身程度更高，与环境的互动更深，对知识的理解也更深入。

3. 具身性学习活动主要通过隐喻、映射、演绎等方式来促进认知发展

身体行动在概念发展中处于中心地位，认知建立在身体行为及感知经验基础上的思想为改进学习活动设计提供了新的理论基础。但并不是所有的身体动作都与认知有关,真正切近认知的身体对认知的促进表现在以下方面。

（1）隐喻。隐喻的本质是以一个较为基本的观念,来了解另一个较为复杂或困难的观念。[①] 具身认知的研究者认为,人的思维是隐喻的,不管是直观的还是抽象概念的隐喻,其形式和内容都来自身体的经验。在具身性活动中教师提供的模型、设计的物理的和认知的学习工具能唤起感官直觉,为学生提供一种隐喻性的见解和想象,从而减少知识的抽象性,减轻学生的认知负担。例如,在 B 班实施的活动三中,用一半被涂黑的网球在活动中即隐喻了"月球",没有涂黑的亮面则代表了被太阳光照射的一面。学生在操作网球这一实物过程中,能清晰地观测到月相的形状,在网球与月球间建立了对应关系。学生在环境中用身体操作学习工具的过程隐喻了知识的产生脉络。

（2）映射。具身性活动能在学生已有的生活经验、身体行为与认知间产生映射关系,能通过具体的概念原型映射到抽象概念的学习。教师在设计具身性学习活动时通常以基于学生经验的情境引入,设计与知识相映射的身体活动,以使学生在完成与自己切身体验密切相关的任务中获得对抽象概念的理解。例如,学生绕着小组成员转的过程映射了月球自转和公转轨迹,进而对"地球上的人永远只能看到月球的正面"这一知识点有了直接的感知。

（3）演绎。真正与认知切近的身体动作本身就构成了学习内容,是学习的一部分,而不仅是为人作用于对象的活动服务。学生在具身性学习活动中的一系列的身体动作演绎了知识的形成过程,能帮助学生建立身体活动和知识间的联系。例如,在探究月相变化规律的具身活动中,学生位置的变换、用手调节网球的方向都是在演示思考的问题,这些都会影响整个学习小组的学习效果。

（4）促进知识的长时记忆。因为做过的身体动作已经成为记忆系统的重要组成部分,能够有效地促进人的认知与学习。在访谈中就有学生提到他在默写本节课与月相变化规律相关的知识点时,他的脑海里即浮现出课堂上小组同学手拿网球（月亮）从不同角度展现不同时期月相的场景,所以他在默写时能快速且准确地写下来。可见,具身体验促进知识的内化,伴随身体体验的知识能调动身体感知系统和运动系统,更利于长时记忆。

---

① 苏以文.隐喻与认知[M].台北:台大出版中心,2005:2.

（二）建议

1. 在理论学习中提高对具身性学习活动设计的系统认知

（1）对学习活动系统的认知

活动理论认为,活动是一个有着明确的系统要素的概念。学习活动作为特殊的人类活动,其内涵和意义更是丰富。学习活动设计中涉及的要素对学生认知发展的影响是不言而喻的,因此,在进行学习活动设计时首先要有明确的学习活动系统观,可以参照活动理论中对活动系统的阐述,分析活动系统基本要素及相互作用,再将活动系统各要素特征及其关系转化为适用于课堂教学实践的指导框架。在设计学习活动时要以此为依据,关注到活动的系统性,不再是简单描述活动流程,而是在每个要素上都细致斟酌,避免设计时的随意性。

（2）理解具身性学习活动中学生身体的内涵

具身认知理论对身体的内涵虽然没有明确的定义,但从具身认知研究者们的研究成果中可以总结出一些关键特征。首先,可以明确的是此"身"并非囿于单纯生理意义上的"肉身",而是被视为能获得有教育作用的经验之积极主动的参与者和生产者,[①]具有主体性及活动能力。其次,"具身"包括学生的身体经验、身体动作以及情绪体验,认知离不开身体和环境的互动。身体活动背后有明确的认知功能,不能为了锻炼身体而让学生动起来,它与知识学习是内在一致的,即身体动作本身也是学习内容的一部分,这是具身的目的。再次,应充分尊重学生身体的主体性。学生身体具有其个性特征,因此教师要尊重学生个体的差异,将身体元素很好地运用到学习活动设计中。

2. 在实践反思中提升设计具身性学习活动的素养

教师需要在不断地实践与反思中提升学习活动设计的素养。首先,具身认知理论不是万能的,并不适用于所有学科的所有学习内容,只有与学习内容相匹配的身体活动才能真正发挥促进学生学习的作用。因此教师首先需要对教材内容进行分析研究,为可以采用具身方式学习的内容设计具体的学习活动序列,让学生在身体活动中感知体验;其次,教师在具身性学习活动中设计的学生身体动作要有明确的意义,要能准确表征概念,另外身体动作的规则说明也要准确清晰,不能用模棱两可的身体行为演绎学习内容,因为这些会影响身体行为和概念间的关联程度,进而影响学生的认知。与学习内容不一致的或错误的身体动作反而会阻碍学生对知识的理解;第三,即使是采

---

① 张静静.寓身学习研究[D].上海:华东师范大学教育学系博士学位论文,2017.

用具身方式的学习内容,不同程度的交互也会有不一样的效果,如多媒体动画、全身参与的活动为学习者带来的体验有很大差异。学生若在学习活动中能完全嵌入到环境中,与环境融为一体,获得的感知经验越丰富,学习效果就越好。教师是学习任务的设计者、规则的说明者、身体活动的指导者,视需要也可充当身体动作的示范者。虽然具身性学习活动强调学生的主体性,但教师也要为学生提供必要的支持,需要在活动中观察学生的学习情况并进行及时的干预和反馈。

3. 注意化解具身性学习活动设计与实施中的困难

(1) 尽可能创设有利于身体活动的物理环境

具身性学习活动涉及学生在空间中的身体活动与环境的互动,对学习环境有一定的要求,具有移动、多功能设备和开放空间的环境更利于促进积极的身体参与,像 F 校的地理创新实验室就为此次的具身性学习活动的实施提供了极为有利的物理环境。但并不是每所学校每门学科都有专门的实验室,传统的教室布局采用秧田式的座位排列,这样的空间布局规训了学生的身体活动,降低了学生的身体参与程度。教师可以根据活动的特点尽可能尝试不同的座位排列方式,例如 U 型座位、小组座位、圆形座位排列等。以本次研究中采用的小组座位排列方式为例,这种座位排列方式拉近了学生间的距离,学习共同体成员可以面对面沟通,有助于促进学生间合作关系的形成和情感的沟通,能够改善课堂的氛围,同时在空间上有利于学生身体活动,可激发学生参与到课堂活动中来,真正彰显学生的主体地位,从而为学习营造一种舒适的心理环境、文化环境和愉悦的氛围。

(2) 协调具身性学习活动的实施和教学进度的矛盾

有教师提出,课堂上让学生体验的活动时间一长,教学进度就跟不上了。很显然这种观点是片面的。以讲授法甚至是灌输式教学为主的模式只是通过压缩学生活动的时间以腾出有更多时间来做练习,通过机械的重复来加深记忆,这并不益于学生的发展。如果能设计出优质的具身性学习活动,也能使学生在活动中达到对知识的深度理解,关键是这样既能达成学习目标,又能让学生获得良好的学习体验。因此,教师应正确认识具身性学习活动和教学进度的关系,两者看似矛盾,实则不存在冲突,关键在于设计出的学习活动是真正切近知识、为学生认知发展奠基的。

(3) 平衡身体自由和纪律的关系

在具身性学习活动中各学习小组进展不一,学生身体行为各异,呈现出的课堂形态自然是去结构化的、松散的,这也对教师的课堂管理提出了挑战。如何才能平衡自由和纪律的关系,在课堂上既能给学生身体活动的自由,又不至于杂乱无序是要考虑的问题。对纪律的过分关注,会使教学偏离正常的轨道,学生身体自由度也会影响其感知判断。这样看似提高了学习效率,却并不能真正发挥学生的主体性。因此学习活动要将学生身体从一种被管束的状态下解放出来,调动多重身体感官和运动系统展开学习。这种自由有利于达成学习目标,而且也有利于提高学生的学习积极性,只是教师需要平衡好自由和纪律间的关系。

第三章　话语分析取径的课例研究

话语分析已成为当今课堂研究的重要方法之一。课堂话语是课堂互动的集中体现,没有话语方式的转变就不会有真正的课堂变革。关注课堂话语有助于我们判断教学变革究竟在多大程度上发生。在课程改革时代,运用话语分析的方法开展课例研究尤为必要。本章首先回顾课堂话语分析的兴起与发展脉络,而后以此为取径展开课例研究,探索建构主义课堂话语分析的方法及案例。

第一节　课堂话语分析的兴起与发展脉络

话语分析作为课堂研究新视角的崛起与 20 世纪 60 年代哲学领域的语言学转向息息相关。依循不同的研究传统,话语分析形成了不同的研究取向和研究方法,从而形塑了教学研究领域的面貌。本节在回顾国际课堂话语分析取向的基础上,从我国课堂话语研究的现状出发,意图揭示中国课例研究在该视角下的拓展方向。

一、语言学转向及话语分析的兴起

当卡尔纳普作为分析哲学维也纳学派的代表人物宣称"一切哲学问题都是语言问题"时,哲学领域的"语言学转向(Linguistic Turn)"开始为人所瞩目。随后的发展出人意料,20 世纪 60 年代以来,语言研究成为人文社会学科的重要议题。在此之前,"语言"仅是表达世界的形式和人际沟通的工具,除语言学外,它在其他的人文社会学科中一度处于缺失的位置。在此之后,方法论意义上的语言工具论被存在论意义上的语言本体论所代替,语言成为世界的存在方式,人类是以语言的方式拥有世界的,"在词语破碎处,无物存在"。由此,人与语言关系的传统看法被彻底颠覆,"你以为自己在说话,其实是话在说你"①成为人在历史文化处境中的写照。

随着语言问题被纳入人文社会科学的研究视野,以语言研究为中心的话语分析(Discourse Analysis)在近年来逐渐成为人文社会科学的研究热点。话语用于指称语言的使用,作为社会实践的一种形式,话语不只传递语言本身,更传递着铭刻于语言中并通过语言来表达的社会关系。因此话语并非是中立的。当代西方著名的批判话语分析学者费尔克拉夫认为:"在话语和社会结构之间存在着一种辩证关系,……后者即是前者的一个条件,又是前者的一个结果。"②换句话说,话语虽受社会结构的限制,但在社会意义上是建构性的。费尔克拉夫进一步指出,"我们可以区分话语的建构效果的三个方面。话语首先有助于某些有着不同称呼的东西的建构;……其次,话语有助于建构人与人之间的社会关系;再次,话语有助于知识和信仰体系的建设。这三种效果分别对应语言的三个功能和三种意义维度,他们共存在所有的话语之中,也在所有的话语之中发生相互作用——也就是我称之为语言的'身份'功能、'关系'功能和'观念'功能的东西。"③由于费尔克拉夫从效果层面廓清了语言之于社会的纷繁复杂的作用,使得这一分析框架被广泛应用于社会变化研究。在课堂研究领域,话语分析的出色代表、美国哈佛大学的教授卡兹顿(Cazden, C. B.)基于课堂话语的三种状态——"课程的语言"、"控制的语言"和"个人认同的语言"设定了教学沟通的三种话语功能:主张的、社会的和表达的功能④。显然,这种划分与费尔克拉夫所论述的话语的观念功能、关系功能和身份功能异曲同工。

由上可知,话语分析引起了人文社会学者的空前关注,他们致力于通过对话语的产生、发展和演变的解读,发现话语背后的意义变换和权力真实。在课堂这一场域中,教学话语也不单单是一种认知性的语言实践,教师与儿童的身份、关系和观念是在教学的话语实践中生成并发挥作用的。因此,在这一范围里,话语作为意义建构的形式总在以某种方式"出声",从而影响着身处其中的人们。

二、课堂话语分析的研究脉络

(一) 国外课堂话语研究的脉络

纵观近几十年来国外课堂话语研究的历程,可以判断课堂话语分析存在不同的研

① 刘北成. 福柯思想肖像[M]. 上海:上海人民出版社,2001:110.
② [英]诺曼·费尔克拉夫. 话语与社会变迁[M]. 殷晓蓉译. 北京:华夏出版社,2003:59.
③ [英]诺曼·费尔克拉夫. 话语与社会变迁[M]. 殷晓蓉译. 北京:华夏出版社,2003:60.
④ [美]Cazden, C. B. 教室言谈:教与学的语言[M]. 蔡敏玲,彭海燕译. 台北:心理出版社,2001:4.

66

究传统,依循不同的传统进而形成了不同的研究取向。概括而言,大致存在三种研究取向:实证主义取向、自然主义取向和批判理论取向。

1. 实证主义取向

实证主义取向的研究吸收了教育心理学中行为主义的研究成果,有一种强烈的量化和标准取向。它假设具有特定效能的话语实践体现于明确的话语现象中,并能够被经验地证明。只要在真实的课堂观察和分析之前对师生的话语行为或互动方式进行精确地编码和定义,研究者便可以记录和鉴定师生话语互动的优先模式。在这类研究中,最典型的研究成果是20世纪60年代弗兰德斯开发的互动分析编码系统(Flanders Interaction Analysis Categories,简称FIAC)。这项工作产生了重要影响,不仅被广泛用于描述师生课堂语言的互动模式,而且影响了其他课堂话语分析工具的设计[1]。比如,亚历山大(Alexander,S.)和安德森(Anderson,M. D.)对弗兰德斯的互动分析框架进行了修正,提出了包含教师诱发、教师回应、学生回应、学生诱发和其他五个维度13类共17个子类的师生言语互动分析框架[2]。作为实证主义的话语研究范式,贝拉克的研究也值得提及,他通过对庞大样本的数据分析探讨课堂话语存在的基本单位。从四种"教学手法"(结构化、诱导、应答、反应)出发,贝拉克分析出21种教学沟通单位的结构类型,其中"SOL-RES-REA"(诱导——应答——反应)的"教学循环"构成了课程教学沟通的主要特征。[3] 受弗兰德斯和贝拉克的影响,到20世纪80年代,多种针对课堂互动话语研究的观察工具和话语分析框架被研发,比如古德(Good,T. L.)和布罗菲(Brophy,J. E.)1984年开发的课堂提问行为观察系统和斯帕达(Spada,N.)等人开发的语言学领域的交际法教学观察表(Communicative Orientation of Language Teaching,简称COLT)都被广泛引用和改进。20世纪90年代以来,随着计算机技术的发展,专门的课堂话语分析软件也逐渐获得应用和推广。例如:"儿童语言数据交换系统"(Child Language Data Exchange System)是一个供各国话语互动的研究者分享研究成果的网络平台,[4]它为课堂话语研究提供了一个名为"Clan"的计算机化的分析

---

① Hopkins,D. (2008). A Teacher's Guide to Classroom Research. Maidenhead:Open University Press,100.

② Alexlander,S. & Anderson,M. D. (1966). An Analysis of Instrctor-student Classroom Interaction. Journal of Medial Education,41(3):209 - 214.

③ Bellack,A. A.,Kliebard,H. M.,Hyman,R. T. & Smith,F. L. (1966). The Language of the Classroom,NY:Teachers College Press.

④ http://childes. psy. cmu. edu

软件①。同时,一些视频分析软件还为课堂话语的文本分析与视频观察的同步进行提供了便利。比如,澳大利亚墨尔本大学国际课堂研究中心领导的"学习者视角的研究(Learners' Perspective Study)"项目利用所开发的 Studio Code 视频分析软件对课堂录像所记录的教学事件及其参与者对事件的解释进行综合分析。国际数学与科学趋势研究项目(TIMSS 1999 或 TIMSS-R)的录像分析则借助多种工具软件来实现,比如由美国威斯康星—麦迪逊大学教育学院教育研究中心牵头的数字化洞察力(Digital Insight)项目开发的 Transana 平台能够把录像数据转化为文字并进行分析。计算机技术为开展大样本的课堂话语分析提供了工具,有助于我们从宏观上了解课堂话语实践存在的普遍模式和发展态势。但是,如同所有实证主义的研究,课堂话语的实证分析将教师话语和学生话语相互割裂开来进行编码分析,实际上是一种静态的分析方法,而不是自然情境中的动态分析。同时,这种分析方法借助各种编码系统把分析对象的"发言"范畴化,无视人类沟通中发言的多义性和复杂性,忽略了可能对课堂教学更具意义的范畴。

2. 自然主义取向

自然主义取向的研究建立在社会语言学与交际民族志以及话语分析的语用学基础上,对课堂话语和互动有一种强烈的描述和解释取向。它假定课堂作为一个公共的、意义生成的世界是我们日常生活的秩序和结构之地。通过对课堂情境中会话活动的自然主义探究,我们能够际遇和展现这些秩序和结构。依循这一范式的研究者通常借用民族志方法论或文化人类学的方法开展研究。典型的代表如米恩(Mehan, H.)、卡兹顿(Cazden, C.)等。米恩通过民族志的方法集中于对课堂中自然发生的话语(Naturally Occurring Discourse)的序列分析。在他的分析中,最受瞩目的是对课堂话语的 IRE 结构(即教师引发——学生回应——教师评价)以及对教师"明知故问"(Questions with Known Answers)的分析。② 卡兹顿则从社会语言学角度指出,课堂教学语言绝非只是透明的沟通的中介,而是充满着社会学意义的。③ 如前所述,卡兹顿随即设定了课堂话语的三种状态及其功能。自然主义取向的课堂话语分析采取一

① Whinney, B. M. (2000). The CHILDES Project: Tools for Analyzing Talk (3rd Edition). Mahwah, NJ: Lawrence Erlbaum Associates.

② Macbeth, D. (2003). Hugh Mehan's Learning Lessons Reconsidered: On the Differences Between the Naturalistic and Critical Analysis of Classroom Discourse. American Educational Research Journal, 40 (1): 239 - 280.

③ [美]卡兹顿. 教室言谈: 教与学的语言[M]. 蔡敏玲, 彭海燕译. 台北: 心理出版社, 1998: 4.

种自然主义的态度关照课堂,试图从大量的无序的自然话语中寻找反复出现的模式或话语规律,使隐含在话语行为背后的秩序明晰化,并借以揭示话语参与者创造社会现实和相互理解的方法。基于这一取向的研究成果将课堂中的教师话语和学生话语作为一个整体加以考察,展现了课堂互动话语的特定功能和典型模式以及惯常采用的原则。但不可否认的是,研究者在话语分析过程中拒绝利用话语序列之外的语境因素,特别是没有充分考虑意识形态、权力等抽象的社会结构对课堂话语的影响,因而其对课堂话语所做的分析主要是表层分析和形式分析。同时,鉴于语料收集及转写的难度,即使是针对大规模教改而进行的课堂话语分析,所收集的语料的数量及其所覆盖的教学样貌都是相当有限的。

3. 批判理论取向

如果说自然主义取向的研究是对课堂话语的表层分析或形式分析,批判理论取向的研究则是对课堂话语的深层分析或批判分析。课堂话语的批判分析离不开对社会批判理论和系统功能语言学的吸收和借鉴。系统功能语言学把语言看作社会符号,是人们有目的地用来在语境中表达意义的资源。由于语言存在于语境之中,因此语言研究应当从外部着手,而不是内部。从外部着手的语言研究首先需要超越以文本为方向的话语分析,福柯的工作为这种超越提供了资源。福柯的话语分析强调研究话语的"可能性的条件",话语发生的"规则系统"。从福柯的立场出发,话语不仅具有强烈的社会建构性,并且与权力息息相关,现代权力的实践和技术在相当大程度上是话语性的。福柯的观点启发了另一位批判话语分析学者——费尔克拉夫的思想,费尔克拉夫将以语言学为方向的话语分析和与话语及语言相关的社会政治思想结合,在三个向度——文本、话语实践和社会实践——的框架范围内分析话语。其中,文本偏向语言学,话语实践指的是文本的生产和消费,社会实践是解释话语实践的基础。该框架随后被广泛应用于包括课堂话语在内的各类话语事件的分析。依循批判理论取向的话语分析通常采用批判人种志、文本分析等方法开展研究。在课堂话语分析领域,希思(Heath, S. B.)、佐藤学、布鲁姆(Bloome, D.)等人的研究体现出这一取向的特征。希思考察了黑人工人阶级、白人工人阶级和一个由白人和黑人组成的中产阶级家庭三个不同社会阶层子女的话语特点及其与学业成绩的关系。其中一个重要的发现是,在两个工人阶级家庭中,儿童使用语言方式的不同实质上来源于他们在学校中被期望的情况。而不同的期望与其所拥有的家庭背景相连。① 佐藤学批判了课堂话语中由于第一人称的缺失所造成的非人称化和非主体化现象。由于教师在课堂上习惯于用"老师"来代替"我"这一称谓,从而导致师生的个人关系失去了"我与你"的对话关系的性质,而变为内化了权力关系的"师生关系"。② 布鲁姆(Bloome,D.)等人从微观民族志的角度描述了与语言和读写事件有关的课堂话语分析,并揭示出课堂语言和读写事件与教室中及教室外的性别、种族、身份和权力关系的联系。③ 批判取向的话语分析不仅表明话语是社会过程和结构的反映,同时也确立了话语作为社会实践建构社会过程和结构的事实。吉(Gee,J.)曾就此表达了与福柯同样的观点:"并不是个人在言说和行动,而是由历史和社会界定的话语通过个体在相互言说。"④虽然批判取向的话语分析有助于我们透过意识形态等方面的遮蔽,解读课堂话语的真实意义,但由于其批判性远多于其建设性,因而无法满足课堂变革的实际需求。

(二)国内课堂话语研究的脉络

20 世纪 80 年代以来,我国的教学论领域开始关注教学语言活动的研究。回顾过去三十年,虽然相关的研究成果并不少见,但多数并非话语分析意义上的探讨。严格意义的课堂话语分析在我国仍处于起步阶段,并仅在最近几年才获得应有的关注。综合考察过往的研究积累,我国的课堂话语研究大致经历了技术主义取向、功能主义取向和批判主义取向相互交叠的发展历程。

1. 技术主义取向

我国 20 世纪 80、90 年代的课堂话语研究呈现出技术主义的特征。该取向借用语义学的研究成果,认为存在课堂言说的最好方式,教师只要在教学中予以执行,就会产生好的教学效果。语义学的语言理论坚持语言的意义是确定的,并有其严格的语法规则,语言意义实现的最高宗旨乃是主客符合。以语义学为基础,技术主义取向的课堂

---

① Eisenhart, M. (2001). Changing Conceptions of Culture and Ethnographic Methodology: Recent Thematic Shifts and their Implications for Research and Teaching, in Richardson, V. (Ed.) (2001). Handbook of Research on Teaching (Fourth Edition). Washington, DC: American Educational Research Association, 209.

② [日]佐藤学. 课程与教师[M]. 钟启泉译. 北京:教育科学出版社,2003:111.

③ Bloome, D., Carter, S. P., Christian, B. M., Otto, S., & Shuart-Faris, N. (2005). Discourse Analysis and the Study of Classroom Language and Literacy Events: A Microethnographic Perspective. Mahwah, NJ: Lawrence Erlbaum Associates.

④ Gee, J. (1996). Social Linguistics and Literacies: Ideology in Discourses (2nd ed.). Philadelphia: Falmer Press, 132.

话语研究根据教学的特殊需要对教师的教学语言作出演绎和规定,如教师教学语言的运用要能够"准确清楚地表义""在具体的教学环境中有效地实现信息的传递,保证学生正确理解教师的教学言语""利用修辞学的知识和理论,让教学言语的运用适应于题旨与环境,形成教学言语的生动、准确并更富表现力"①,等等。20 世纪 80 年代以来,教学论中对教学语言艺术的探讨多属此类。一系列研究著作也相继出版,如《教师口语》《教师口语学》《教师口语技巧》《教师口语技能》《教师口语艺术》《教师语言学教程》《教师语言艺术》等。时至今日,这类研究亦有所延续,这与我国教学论长久以来所依循的理论演绎的研究路向有关。显然,这些研究脱离教学语言使用的具体情境,仅把教师视为课堂教学话语的主体,无视学生作为课堂教学另一言说者的事实,似乎教学话语研究的全部目的仅在于帮助教师更好地完成知识传递这一教学过程。教学话语研究的这一取向无疑强化了教学的灌输实质,这或许是导致其逐渐式微的根本原因。

2. 功能主义取向

20 世纪 90 年代中后期,课堂话语研究开始反思话语的结构、特征及局限。比如,有学者注意到:"教师的话语无法准确表达他想要表达的意义,学生无法通过话语准确接受教师表达的意义,意欲表达和实际表达的不同一,实际理解和期望理解相偏离。"②为解决诸如此类的问题,课堂话语研究开始借用功用性的语用学框架探讨课堂话语的功能。语用学与语义学相对,该语言理论主张语言的意义是由特定的语境所决定的,具有非确定性,语言没有其严格的语法规则,语言意义实现的最高宗旨是主体间的共契、交流。以语用学为基础,我国的课堂话语研究开始体现出功能主义的特征。这一时期,课堂话语研究大都集中于第二语言教学的范围,并且主要是以第二语言习得中的可理解输入、输出和互动理论为指导,从教师话语的话语量、提问方式、话轮转换、反馈方式等方面探讨教师话语的使用策略,以更好地发挥其功能。在教学论领域,依循这一取向的教学话语研究大多采用定量研究的方法从整体上勾画教师、学生课堂话语的结构和特征。典型的如顾泠沅教授以弗兰德斯的互动分析作为课堂观察技术所作的师生言语互动分析③,吴康宁教授依据教师课堂言语行为的总体类型所作的教

---

① 宋其蕤,冯显灿. 教学言语学[M]. 广州:广东教育出版社,1999:5.

② 石鸥. 论教学话语与师生理解[J]. 湖南师范大学学报(社会科学版),1995(6):72—73.

③ 顾泠沅、周卫. 课堂教学的观察与研究——学会观察[J],上海教育,1999(5):14—18.

师课堂角色类型的研究①,刘云杉等对学生课堂言语交往的总体特征及其所昭示的学生身份及所处地位的考察②等等。这种研究取向一方面与教学研究超越单纯的思辨,转向关注实际的课堂生活有关,另一方面也与引进国外的课堂互动分析工具有关。功能主义取向的研究事实上是话语分析的实证主义范式在我国的具体体现。概括该研究取向的特征,虽然教师话语和学生话语皆获得关注,但对全面描述或揭示真实鲜活的课堂话语情境依然存在缺憾,同时对课堂话语结构和特征的意义解释仅限于功能主义范畴,对话语与其所处的社会情境之间的意义联系缺乏关照。

3. 批判主义取向

课堂话语研究的批判主义取向在我国的兴起与课堂观的转变及国际课堂话语研究的蓬勃发展密切相关。传统意义上,课堂是一个仅具物理属性的空间概念,但受教学研究民族志方法论的影响,许多研究者开始视课堂为一个"社会活动场"、一个"政治空间",其中弥散着权力支配与力量控制。并且这种支配与控制主要是通过话语这一技术发挥作用的。由此,揭示课堂话语的建构及运作方式也便昭告了师生的某种存在方式及其权力逻辑。另一方面,如前所述,20世纪70年代之后米恩、卡兹顿、希思、佐藤学等借用民族志方法论或文化人类学的方法在课堂话语研究方面取得了一系列令人振奋的研究成果。这些成果进一步启迪我国的课堂话语研究开始把研究的焦点转向对教学话语的社会意义及教学话语权的关注。90年代末,有学者对教师话语权力的实质与运作及其内容特征有所揭示。③ 新世纪以来,伴随基础教育课程改革的推进,批判教师话语霸权对学生话语权力的剥夺,进而探讨课堂话语重建的路向,成为多数研究者考察课堂话语的研究思路。④ 但不可否认的是,多数研究依循的仍是思辨模式,对课堂话语特征的判断缺乏有力的证据支撑。而且在批判的同时如何增强课堂话语研究的建设性依旧未得到很好的解决。另一方面,课堂话语研究的辩证性也有待加强,在课堂教学中教师和学生并非为话语完全宰制,权势话语对师生的主导过程同时包含着师生对这一过程的斗争和抵制行动,如何借助这一行动创造新的话语脉络是课堂教学实现转型的契机。

---

① 吴康宁等. 教师课堂角色类型研究[J]. 教育研究与实验,1994(4):1—8.
② 刘云杉等. 学生课堂言语交往的社会学研究[J]. 南京师大学报(社会科学版),1995(4):59—60.
③ 刘云杉. 教师话语权力分析[J]. 南京师大学报(社会科学版),1997(3):69—73.
④ 相关研究成果如以:刘世清,姚本先. 课堂教学中的话语现象探析[J]. 当代教育论坛,2004(2):56—58;徐辉,谢艺泉. 话语霸权与平等交流——对新型师生观的思考[J]. 教育科学研究,2004(3):49—51;邢思珍,李森. 课堂教学话语权力的反思与重建[J]. 教育科学研究,2004(12):13—15.

三、话语分析与中国课例研究的开拓

综上所述，话语分析开启了课例研究的新视角。相对于国际课堂话语研究的蓬勃发展，我国的课堂话语研究尚待开拓。2017年，肖思汉博士出版《听说：探索课堂互动的研究谱系》一书，该书全面展现了课堂互动话语研究的进展和成果，必将推动我国课堂互动话语研究的深入发展。依据这一领域的研究进展，话语分析取径的课例研究可朝下列方向开拓：

首先，在研究视角上，我国的课堂话语研究已超越语言学层面的探讨，进入社会学意义的批判分析阶段。但过往研究多专注于课堂话语的特征及其教学意义的建构，这种福柯话语理论意义上的探讨忽略了语言与社会之间双向建构的事实。依据费尔克拉夫的辩证观点，话语所建构的社会生活经验的一部分会在特定的社会情境中沉淀下来，被制度化、习俗化，成为社会结构的一部分，这些结构性因素又必然会反作用于话语对社会的建构。由此，有必要吸收自然主义的探究方法，将课堂话语的研究与其所处的社会文化环境相结合，以描述我国社会文化视域下课堂话语的本土特征，并进而揭示影响我国课堂话语变迁的社会文化因素。无疑，这类研究反过来会深化我们对话语建构教学实践的理解。

其次，在研究内容上，过往研究虽然涉及师生话语量、话语权和互动形式等方面的研究，但多数研究是从教师话语和学生话语相分离的角度展开的，缺乏对课堂互动话语真实情境的关照。并且在教师话语和学生话语的研究比重上，明显地侧重于前者，这从教师提问研究长久以来作为研究焦点的事实可见一斑。关于学生话语，特别是学生合作学习中的生生互动话语的研究更为缺乏。显然，我国的课堂话语研究亟待将话语置于"课堂互动"的"对话"机制下加以考察。其后，在此基础上，课堂话语研究不仅需要揭示真实课堂中师生互动话语和生生互动话语的特征，更需要关注对课堂互动话语运作机制的考察。因为课堂话语重构的最直接的线索源自对课堂话语运作机制的解构。不对课堂话语运作所采取的策略、技巧和谋划进行深刻地揭露并予以转换，便无法从根本上重建课堂话语的权力关系。因而，考察课堂话语的运作机制能够为探寻课堂话语重构的线索奠定基础。

再次，在研究方法上，已有研究主要运用理论思辨的方法展开，少量研究对定量研究方法有所涉及，但使用的技术较为陈旧，多项研究依然采用的是20世纪60年代弗兰德斯的师生互动分析框架，课堂话语分析的新技术，特别是与计算机技术相结合的

先进方法目前只处于引介阶段,尚未有大范围的应用。同时,运用质的研究方法描述课堂话语的真实情境,并揭示其多义性和复杂性的研究成果还不多见。特别是运用民族志的方法考察课堂中的话语实践及对参与者的意义,进而揭示这些行动和意义同更大范围内的社会行动和文化结构的联系,这类研究更为缺乏。由此,课堂话语研究的方法仍显单一,通过整合质性研究和量化研究的方法,使课堂话语研究不仅体现量化数据的规模、质化分析的真实性以及研究者的解释评论,并且在描述性、解释性研究的基础上尝试开展干预性研究,通过改变教师或学生的话语方式以调控课堂的互动氛围、对话内容、知识建构方式、话语功能和学习结果,这将是我国课堂话语研究在方法论上的期待。

第二节　话语分析取径的课例研究
——建构主义课堂话语分析的方法及示例

本节通过运用三种建构主义的话语分析方法——制度化话语事件分析、第四世界法、扎根理论,对同一语料进行独立分析,研究其话语特征,旨在为课堂话语分析提供可借鉴的理论框架和方法论框架。同时,在研究中,对不同语料进行对比分析,试图揭示在三种理论框架下,良好的课堂互动所具备的特征,以期对教学实践带来一定启发。

一、结构主义课堂话语分析及其超越

最初,课堂话语分析的常用方法主要基于 IRE/IRF 互动模式以及弗兰德斯互动分析系统(Flanders Interaction Analysis Categories,FIAC)展开。这类方法试图揭示课堂话语的发生结构,因而具有典型的结构主义特征。IRE/IRF 互动模式将教师引发(Initiation)、学生回应(Response)和教师评价(Evaluation)或教师反馈(Feedback)三步式会话结构作为研究对象。随后,一些研究者对该模式进行了拓展研究。如李悦娥与范宏雅(2002)提出话语分析的四种情况:IRF 结构、IRFR 结构、$IR[I_1 R_1(I_2 R_2)]F$ 结构以及 $IR_1 F_1/R_2 F_2$ 结构①。

弗兰德斯互动分析系统制订了一系列编码标准矩阵表格用以描述课堂互动行为。该系统将教师的课堂言语行为按照间接影响和直接影响两个维度划分为七类,学生的

---

① 李悦娥,范宏雅. 话语分析[M].上海:上海外语教育出版社,2002:16—19.

言语行为划分为主动与被动两类,还有一类是课堂沉默或混乱。① 国内研究中,顾小清等针对信息技术在教学中的使用,对该系统进行改进,细分了教师言语活动,增加了学生言语行为类别,并增加了技术类别。② 之后,张晓佳等人亦基于数字化教学环境对该互动分析系统提出修改意见并展开应用研究。③ 此外,温雪和崔允漷将学历案作为课堂互动的新符号,进一步丰富了 FIAS 分析编码系统。④

上述两种方法为课堂话语分析提供了便于操作的框架。但不少研究者也指出二者存在着局限与不足。从分析方法来看,IRE/IRF 模式将教师与学生之间的互动简化成三个话步,三者之间的关系构成了师生互动的结构,这导致话语分析被框入一个已有的模版,无法适应形式愈加多样化的教学环境。从教学实践来看,在 IRE/IRF 模式的指导下,话步由教师发出和终结,学生在其中对教师引发的话步进行主动或被动的回应,并接受教师的评价或反馈。从这里可以看出,教师所引发的问题具有"虚假性",因为其拥有知识权威,掌握话语权,操控课堂,将互动限制在固定的答案之间,学生只能被动接受教师提出的观点并接受对知识掌握情况的变相考察。⑤ 从互动的交际作用来看,IRE/IRF 简单的交流模式不利于学生体验互动的复杂性。⑥ 同样的,弗兰德斯互动分析系统虽然相较于 IRE/IRF 模式来说分析框架更为细化,但对于互动行为的微观要素分析忽视了对课堂教学整体氛围的考察,对语言行为的编码忽视了各种互动要素的非等价性,对可观察行为的捕捉没有考虑到课堂语言行为背后所包含的多样意义。从该分析方法对教学的指导意义来看,弗兰德斯互动分析依然以教师的发言作为互动的开端,这就包含了一种前提假设,即教师的发言行为支撑了课堂教学中的互动交流,教师依然处于主导地位。⑦ 再者,虽然教师说话的行为得到了一定的细化,但学生在该分析系统中的言语行为依然被过分简化,可见在这一体系中,学生并没有站

① Flanders. Interaction and Feedback:A Preparation for Teaching [J]. Journal of Teacher Eduction,2011,14(3):45-49.
② 顾小清,王炜. 支持教师专业发展的课堂分析技术新探索[J]. 中国电化教育,2004(7):18—21.
③ 张晓佳,张凯黎,颜磊. 电子书包支持的小学数学互动课堂案例研究——基于改进型的弗兰德斯互动分析系统(IFIAS)[J]. 现代教育技术,2015(3):29—35.
④ 温雪,崔允漷. 基于学历案的课堂互动研究——弗兰德斯互动分析系统的改进与应用[J]. 教育发展研究,2016(15—16):62—68.
⑤ Haneda,M. (2005). Some Functions of Triadic Dialogue in the Classroom:Example from L2 Research [J]. Canadian Modern Language Review,62(2):313-333.
⑥ Hall,J. & Walsh,M. (2002). Teacher-student Interaction and Language Learning [J]. Annual Review of Applied Linguistics,22:186-203.
⑦ 佐藤学. 课程与教师[M]. 钟启泉译. 北京:教育科学出版社,2003:339—344.

到和教师同等的位置上。

下文引入三种建构主义的话语分析方法,通过它们对特定情境下的师生互动进行分析,试图揭示课堂互动话语的多元意义,为话语分析取径的课例研究的开展提供借鉴。

二、建构主义课堂话语分析的理论框架

本文所选取的话语分析方法分别是制度化话语事件分析(Institutional Speech Event Analysis)、第四世界法(The Four World Method)以及扎根理论(Grounded Theory)。

(一)制度化言语事件分析

制度化言语事件分析方法源于沟通民族志(Ethnography of Communication)。沟通民族志将语言和言语行为本身视作"言语共同体"中不同成员依据自身所处的互动环境进行的实践,因此研究言语的功能要将其放在使用语境中。再者,一个言语事件通常会出现一种以上的言语功能,因此言语事件和功能并非对应关系,会出现不一致的情况,也就是说话者意图和言语意义存在不匹配[①]。

制度化言语事件分析方法还吸收了互动社会语言学(Interactional Sociolinguistics)的特征。互动社会语言学通过观察交际双方在会话过程中的"互动",推断交际者在采取某个行动时依据的社会概念,分析言语与非言语信号如何被理解。比如交际中的礼貌现象,交际者在谈话时需要相互照顾面子,交际才能顺利地进行下去。基于戈夫曼(Goffman, E.)的面子理论,布朗(Brown, P.)和列文森(Levinson, S. C.)将面子分为两种[②]:积极面子(Positive Face)和消极面子(Negative Face)。积极面子指希望能够得到对方的认同、肯定或赞许;消极面子指希望自己的行为不受对方的阻挠,有选择的自由。在日常的话语或言语行为中会产生"威胁面子的言语行为"(Face Threatening Acts,简称FTA),布朗和列文森对此还提出了补救的礼貌策略。甘柏兹(Gumperz, J.)则通过研究提出了重要的理论概念——谈话的指示线索(Contextualization Cues),将不同的言语成分视为谈话的指示线索,基于指示线索和会话分析(Conversation

---

① 韩晓玲,陈忠华. Dell Hymes 及其"交谈民族志"理论[J]. 烟台大学学报(哲学社会科学版),2012(2):115—122.

② Brown, P. & Levinson, S. C. (1987). Politeness: Some Universals in Language Usage [M]. Cambridge: Cambridge University Press, 62.

Analysis)研究"参与者结构"(Participant Structure)①。参与者结构指的是参与者的权利和义务,关系到谁在何时能够对谁说什么②。

制度化言语事件分析将对社会互动的研究置于制度化的言语事件中,试图探讨交际双方为建立或维持权力关系或为保全面子(Saving Face)而采取的言语策略。基于这一理论框架,制度化言语事件分析方法将课堂互动视为发生在公开、正式场合的言语事件,其中,教师和学生的关系是不平等的,师生会为保全面子而使用礼貌策略。

(二)第四世界法

第四世界整合了研究对象的现在、过去和未来,从而使得研究者能够去接近研究对象的世界,在整体的境脉中探究互动对话中的谈话者如何定位(Position)自己③。第四世界法源于两种功能主义的话语分析方法,即语言人类学(Linguistic Anthropology)和制度化交谈分析(Institutional Conversation Analysis,ICA),并以话语定位(Discursive Positioning)为基础④。

语言人类学主要研究语言的文化资源、社会实践、历史记忆以及话语权力。语言作为动态符号系统,产生于特定情境,并反映特定情境⑤。制度化交谈分析从权力与互动的社会结构之间的关系出发,研究对话、权力和意识形态。研究者在运用该方法进行话语分析时,会排除任何先验判断,描述并解释谈话者说了什么以及所说内容是如何在互动对话中得以表现的。

定位(Positioning)指的是谈话者如何在对话中明确相对于他人自己所处的位置。因此,相较于角色(Role)这个概念而言,定位更具动态性。该理论认为研究者可以从三个水平建构研究对象的定位:一是研究对象如何参照过去事件中的重要他人定位自我;二是研究对象如何参照当前互动中的其他参与者定位自我;三是研究者总结第一和第二水平并展现参与者如何根据自我进行定位(例如,希望别人如何

---

① 约翰·甘柏兹. 会话策略[M],徐大明,高海洋译. 北京:社会科学文献出版社,2001:1—9.

② Cazden, C. (2011). Classroom Discourse: The Language of Teaching and Learning [M]. New York: Teachers of College Press, 437.

③ Kupferberg, I. & Green, D. (2005). Troubled Talk: Metaphorical Negotiation in Problem Discourse [M]. Berlin: Mouton de Gruyter, 15 - 43.

④ Kupferberg, I., Shimoni, S. & Vardi-Rath, E. (2009). Making Sense of Classroom Interaction via a Multiple-method Design: Social, Experiential and Epistemological Dimensions [J]. Linguagem Em Curso, 9(1): 81 - 106.

⑤ 纳日碧力戈. 语言人类学[M]. 上海:华东理工大学出版社,2010:1—5.

看待他/她）。① 第四世界法即是研究在制度化的互动环境（课堂）中，师生的过去世界和未来世界如何共同建构当时当地的互动，以及师生如何参照自我和重要他人来明确自己的定位。第四世界是一个合成时刻，是连接谈话者过去、现在和未来的交界面，研究者在此得以探究谈话者"世界穿梭之旅"（过去——现在——未来）。

（三）扎根理论

扎根理论方法最初由社会学家格拉瑟（Glaser，B.）和施特劳斯（Strauss，A.）用于研究医院中的死亡过程，提倡在研究数据的基础上系统地发展出理论，而不是从已有的理论中演绎出可验证的假设。这种方法通过归纳数据的意义类属，并分析类属之间的关系，直至形成理论，从而得以理解个体和社会现象。

扎根理论方法融合了两种理论思想：一是美国的实用主义，二是芝加哥社会学派。实用主义强调行动与实践的重要性，注重对思想所含有的可能的实际效果进行考察，对问题情境进行处理，在解决问题的过程中形成真理。社会学派强调经验研究，运用实地调查、参与式观察、深度访谈等方法收集资料，从行动者的角度理解社会变化。②

扎根理论方法遵循解释主义路线，强调以研究者本人为研究工具，在自然情境下收集、分析数据，形成理论；研究者通过与研究对象的互动，对其行为与意义建构形成理解性的解释。在此过程中，研究者通常"悬置"研究假设，直接从实际观察入手，随着研究进程而改变研究设计，从原始资料中归纳出经验概括，最后将其上升至理论。

三、建构主义课堂话语分析示例

（一）分析语料的选取

本文选取一段课堂实录③作为主要分析对象，这段课堂实录选自一节三年级的科学课，该班属于某市的一所小学，班级中大部分学生来自中等社会经济地位背景的家庭。这节课主要学习的是食物中的成分及其与人类健康的关系。课堂实录片段如下：

---

① Kupferberg，I. & Green，D. (2005). Troubled Talk：Metaphorical Negotiation in Problem Discourse [M]. Berlin：Mouton de Gruyter，15 - 43.
② 陈向明. 扎根理论的思路和方法[J]. 教育研究与实验，1994(4)：58—63.
③ 课堂实录摘自 Irit Kupferberg 等人于 2009 年在《Linguagem Em Curso》中发表的《Making Sense of Classroom Interaction via a Multiple-method Design：Social，Experiential and Epistemological Dimensions》一文，略有改动。

1	师：	那么,如果这样的话,我们可以看到面包中有哪些成分呢?
2	生1：	维生素。
3	师：	很好! 王成正说了维生素,他在这儿看到了。
4		你们在维生素这一栏看到面包了吗?
5		看到面包了吗?
6		所以,我们吃面包的时候,我们的身体就摄入了维生素。
7		只有维生素吗?
8		面包中还有什么,李欣?
9		沈东杨没经过允许就回到了他的座位。
10		沈东杨,站起来。
11		你说。
12	生2：	碳水化合物。
13	师：	碳水化合物。很好!
14		还有什么呢?
15		我们在碳水化合物一栏中也看到了面包,还有呢?
16		面包里还有哪些?
17	生3：	蛋白质。
18	生4：	还有盐和维生素(许多学生同时在说话。)
19	生5：	尤欣怡,在11页的食物成分表里,面包里有所有东西。
20	师：	我们还没学到那儿,没学到那一页。
21	生5：	但那儿确实写了面包里什么都有啊。
22	师：	等一等,我们马上就会学到那儿了。
23	生5：	可我已经看到那一页了。
24	师：	下面听一下你们今天的作业,作业非常简单。
25		尤其对听我讲了的同学来说。
26		郑志凯。
27		我今天已经叫你名字很多次了。
28		你今天不停地在那儿讲话。
29		听一下你们今天的家庭作业,很简单的作业。
30		大家注意听。

31	陈诚,你那么坐是想摔下来吗?
32	我们今天讲了,要保持身体健康。
33	所以,我要提醒你的一件事就是坐着的时候不要这样晃来晃去的,不然你可能会摔下来伤到自己。
34	好了,还有谁要说什么吗?

(二) 分析结果

1. 课堂互动话语特征的社会维度

制度化言语事件分析方法的倡导者倾向于关注这一维度,它以定性和定量的方法,研究不对等的言语事件中的参与者结构。运用该方法,对数据中涉及的权力关系和礼貌,且经常发生的言语行为或策略进行分类,从中可生成可量化的话语分类。

对上述文本的分析涉及两个分类:互动的功能(Functional Aspects of the Interaction)和间接言语行为(Indirect Speech Act)[1]。首先,从互动的功能来看,34 条语料中有 27 条由教师产生,这表明教师长时间占据话语权。其中 10 条是教师发问,检测型问题(Examination Questions)[2]占据 8 条,检测学生是否知道面包中的成分;2 条是命令型问题(Command Questions)[3],例如"陈诚,你那么坐是想摔下来吗?"从具体的问题中我们发现,虽然教师提出了很多问题,但是她已经有了想要的正确答案,对学生的回答似乎并没有期待。大量使用问题,并非想让学生对这些问题进行自己的思考而形成个人观点,而是以问题显示自己在互动中主导话语的权力,从而控制课堂。而这种控制带来的课堂节奏,让学生不断接受着教师的检验。如当教师问"面包中还有什么,李欣?"时,该生所作出的回答会得到教师肯定或否定的评价,那么,她的回答和反应就被迫接受整个班级的审查,因而会威胁学生的面子。

对该文本的分析涉及的第二个分类是间接言语行为,即话语的字面意思与其互动意图存在不一致。例如,教师说"沈东杨没经过允许就回到了他的座位"这句话的背后意思是想指责这位同学,但是为了保全他的面子,教师选择不直接针对他本人,不是严

① Kupferberg, I., Shimoni, S. & Vardi-Rath, E. (2009). Making Sense of Classroom Interaction via a Multiple-method Design: Social, Experiential and Epistemological Dimensions [J]. Linguagem Em Curso, 9(1): 81 - 106.

② Goody, E. N. (1978). Questions and Politeness [M]. Cambridge: Cambridge University Press, 17 - 43.

③ Goody, E. N. (1978). Questions and Politeness [M]. Cambridge: Cambridge University Press, 17 - 43.

厉批评,而将说话对象转向全班同学,以一种较为温和的方式说出来。此外,教师在上课时经常使用"我们"一词。一般认为,使用这种将自己纳入其中的代词,是用以表达亲密、团结的关系,但语料中,教师说"我们还没学到那儿",实际上是用"我们"这个包含所有人在内的集体性代词来约束学生行为,阻止学生自己发展。因此,礼貌策略可以用来解释互动中谈话者为了保全对方面子而使用各种语言策略的行为。

概言之,上述呈现的语料体现了教师在课堂上使用各种话语策略来巩固自己的权力,原因是她长时间发言以及大量使用提问。同时,教师采取礼貌策略,依然是为了获得和维持自己的控制权。

诚然,我们不可否定的是,教师在课堂中采用发问的方式来引导学生思考问题是一个有效的教学策略,上述的分析并非表明要教师杜绝提问,而是应当减少"虚假性问题"。再者,上文中的教师在课堂中使用"我们"这一人称代词,用于约束学生行为。但也有研究提出,这种包含性代词(Inclusive Pronouns)的运用可使教师将自己定位成与学生合作学习的共同探究者,有利于课堂共同体的形成。[①] 那么,在社会维度上探讨课堂互动时,教师可以怎么做? 以下是特级教师李镇西的一段教学片段[②]:

1	师:	粗读课文后,你们有没有想欣赏这篇散文的冲动?
2	生:	有!
3	师:	能说说自己的理由吗?
4	生1:	小的时候,托尔斯泰听保姆或村妇讲,亲手种树的地方会变成幸福的所在。后来托尔斯泰就真栽了一棵树,后来他死后就埋在了这个地方,很有浪漫色彩。
5	生2:	他的墓没有十字架,没有墓碑,没有墓志铭,连托尔斯泰这个名字也没有。这是一种朴素美。
6	生3:	托尔斯泰的墓很朴素,但也很丰富。
7	师:	是不是托尔斯泰害怕别人盗墓才把坟墓修在一个僻静的地方,而且修得那么朴素?

---

① Enyedy, N. & Goldberg, J. (2004). Inquiry in Interaction: How Local Adaptation of Curricula Shape Classroom Communities [J]. Journal of Research in Science Teaching, 41(9): 905 - 935.

② 雷玲. 听名师讲课语文卷(第二版)[M]. 上海:华东师范大学出版社,2016:30.

8	生3：	不是,我说的丰富不是指物质方面的,而是指精神内涵。
9	师：	(微笑着做颔首领悟状)哦!
10	生：	伟人都想不朽,所以不用华贵的墓来招人走近墓前。
11	师：	同意!希望你以后为了事业不朽,不要修墓。(全场笑)
12		我也要发言,行吗?
13	生：	(齐)行!
14	师：	每当我读这篇文章时,每当我想象着……

上述14条语料中,7条由教师产生,其中4条为教师发问。从数量上来看,教师在这一教学片段中与学生平分了话语权。教师同样运用了提问,但不同的是,这次的问题不再是检验型问题,也没有了间接的命令型问题,取而代之的是真正能引发学生思考的开放性问题,如"能说说自己的理由吗"。教师在问题表述中指出,学生说出的理由是属于自己的,没有预设答案,因此也就没有对错之分。学生之后的回答都是自由发挥,各具特色,精彩观念(Wonderful Ideas)[①]由此诞生。

在本段语料中,教师同样采取了礼貌策略,在听完学生发言后,他询问学生"我也要发言,行吗",这是教师在课堂中很少使用的话语。师生在课堂中互动通常会达成一个"共识"——学生要以举手、眼神示意等方式征得教师同意后,才可以发言;而教师的话语权却不需要任何人赋予。本段教学中,老师有意识地以平等的身份征得学生同意,从而形成了融洽的互动氛围。此时的"礼貌"不再仅仅是浮于表面的"面子"问题,而是形成了深层的师生相互尊重。

2. 课堂互动话语特征的经验维度

第四世界法的倡导者倾向于关注这一维度,它会将话语文本分解成谈话者的过去、现在和未来,之后在"第四世界"进行重新整合,对话语进行微观与宏观的分析。

在上述语料中,通过互动,师生主要将自己定位在当下正在进行的课堂活动中。相对于学生,教师将自己定位成负责教学和课堂管理的权威人物,由她引发教学的主题——"面包中含有哪些成分",并确定当天的家庭作业。其中,教师还穿插着对课堂秩序的管理,例如"沈东杨没经过允许就回到了他的座位"。可见,教师可以根据自己

---

① Duckworth, E. (1987). "The Having of Wonderful Ideas" & Other Essays on Teaching & Learning [M]. NewYork: Teachers College Press, 1 - 14.

对教学和秩序的把握选择关注点。相对地,学生在此过程中被定位成配合教师教学、顺从课堂纪律的角色。

教学中,教师也试图将学生过去的经验引入当下(如"我今天已经叫你名字很多次了"),以及将现在的关注点转向未来(如"所以,我要提醒你的一件事就是坐着的时候不要这样晃来晃去的,不然你可能会摔下来伤到自己"),但却仅限于对课堂的管理,依然服务于维护教师的中心地位,而没有提供给学生更多有意义的讨论机会,为学生学习提供穿越时空的联结。

越来越多的研究表明,学生进入课堂并非带着一个"空空的脑袋",焦尔当在《学习的本质》中指出,"知识的炼制来自收集到的信息和学习者先有概念之间的互动"。[①] 而社会认知心理学研究也表明,人的行为受到对未来预期的影响。因此,课堂中学生的学习以及对自我的定位,受到过去、现在和未来经验的交织影响。

下面呈现的课堂实录[②]是柳小梅老师在《用字母表示数》一课中,和学生一起在课堂中展开的一场"世界穿梭之旅":

1	师:	同学们,你想知道自己将来能长多高吗?
2		这个公式 $a=(b+c)\div2\times1.08$ 可以预测你的身高。
3		看到这个公式,有什么话想说吗?
4	生1:	这个公式真复杂。
5	生2:	公式中的字母代表什么意思呀?
6	生3:	这儿的a、b、c分别表示什么?
7	师:	同学们提出了自己的疑问。
8		今天,我们就试着从数学的角度来研究字母。
9		让我们的探索从一首儿歌开始吧!(出示儿歌)
10	生:	1只青蛙1张嘴,2只青蛙2张嘴,3只青蛙3张嘴……
11	师:	谁有本领将复杂的问题变简单,用一句话表示出这首儿歌?
12	生1:	几只青蛙几张嘴。
13	生2:	无数只青蛙无数张嘴。

① 安德烈·焦尔当.学习的本质[M].杭零译.上海:华东师范大学出版社,2015:129.
② 李吉林,王林.情景数学典型案例设计与评析[M].北京:教育科学出版社,2012:55—66.

14	生3：	n只青蛙n张嘴。
15	师：	这几种方法中,你比较喜欢哪一种?
16	生1：	我喜欢第3种,因为它很简洁。
17	生2：	我也喜欢用字母表示,用字母表示最方便。
18	师：	是啊,用一个字母把我们要表示的数都概括进去了,多巧妙啊!

在一开始导入新课时,教师就带领学生将关注点转向未来,提出用公式预测未来自己可能的身高,这对于处于生长发育期的学生而言,正是他们的兴趣所在。但在这里,对未来世界的向往受到了过去世界经验不足的阻碍——学生针对公式提出了自己的疑惑,如"这个公式真复杂""公式中的字母代表什么意思呀"等。学生的先有概念中对数学中字母的应用缺乏相应的了解,在他们过去的世界中,带有字母的公式是复杂的、难以处理的。为了消除学生的畏难心理,教师又从一首耳熟能详的儿歌入手,让学生试着用一句话概括儿歌,以从中体会到字母所具有的概括性,并初步感受用字母表示数的必要性和优越性。

教师在此过程中对自己的定位更多的是和学生一道的共同探究者。教师让学生提出自己的疑问,由学生的疑问出发,确立学习共同体("我们")当下的学习目标。相应地,学生也不再是仅仅回答教师的问题,而是以解决自己提出的问题为目标开始学习。

3. 课堂互动话语特征的认识论维度

扎根理论的倡导者倾向于关注这一维度,它注重对资料进行归纳分析,从资料中提升理论。为了找出资料中的核心类别,该方法重要的一环是对资料进行逐级编码,其中包括三个级别[①]:(1)开放编码(Open Coding)。即将现场收集得到的数据分解成句子或段落,检视、比较每个句子或段落的主要意思,基于重复出现的意思,寻找可能的类别,再通过概念化、范畴化形成类别或亚类。(2)轴心编码(Axial Coding)。即借助某种编码模式,在不同类别之间发现和建立联系,这些联系可以是因果关系、相似关系、差异关系等。(3)选择编码(Selective Coding)。即在已有类别中经过系统分析,选择一个类别,将它和其他类别予以联系,验证其间的关系,并完善各个类别。

例如,在对上述文本进行分析时,研究者聚焦的是三年级学生上科学课能够学到

---

① 陈向明. 质的研究方法与社会科学研究[M].北京：教育科学出版社,2000：327—338.

什么样的认识论。通过一级编码,形成两个类别:知识和认知方式。知识类别包含科学知识(如"我们在碳水化合物一栏中也看到了面包,还有呢? 面包里还有哪些?""蛋白质。")和社交知识(如"沈东杨没经过允许就回到了他的座位。沈东杨,站起来")两个亚类。认知方式类别包含教师驱动下的自读图表学习(如"你们在维生素这一栏看到面包了吗?")以及教师主导下的个体行为结果学习(如"郑志凯。我今天已经叫你名字很多次了。你今天不停地在那儿讲话")。

在二级编码中,我们发现,通过特定的认知方式,学习者得以掌握知识。上叙文本中,关于食物成分的科学知识,学生在教师引导下,通过阅读学习材料,找到对应的图表进行学习。关于课堂行为规范的社交知识,通过教师描述违反纪律的学生的行为并对其行为进行后果分析和表露出自己的不赞成态度,学生得以学习。因此,两个知识亚类的信息来源都是教师,教师主导了学生的认知方式。

在三级编码中,教师主导体现在各个类别之中。教师仅仅指导学生通过看图标的方式找到面包中的食物成分,没有将食物成分与个体健康进行关联,学生得到的只是一个白纸黑字的"标准答案",并且教师阻止了学生按照自己的节奏进行学习。再者,教师通过指出违反纪律的学生,通过间接地发问、"恐吓"(可能的不良后果),让学生感到没有面子、局促不安。

很多情况下的课堂互动都包含上述分析中的两大类别。教师和学生在课堂中的活动并不仅仅是围绕学科知识展开的,亦是一个互相交往的社会活动。以下课堂实录[1]中,靳家彦教师在教学《有这样一个小村庄》一课时,为我们展示了实现双赢的教学智慧:

(教师板书课题时故意丢掉"这样"一词)

1	生:	老师您把"这样"两个字写掉了,题目是《有这样一个小村庄》。
2	师:	对不起,老师写错了,老师把它改过来。
3		你真细心!
4		你勇于指出老师错误的精神特别可贵,谢谢!(教师鞠躬)
		老师给大家鞠躬是因为我们都要服从真理。

---

① 雷玲.听名师讲课(语文卷)(第二版)[M].上海:华东师范大学出版社,2016:76—79,187—189.

同时,同学们敢于指出错误的精神也让我很感动。

5　　　　　我把课题补充完整后,你们就应产生问题了。

6　　　　　什么问题?

7　　生 1:　这个小村庄是什么样的?

8　　生 2:　有哪样一个小村庄?

9　　生 3:　这个小村庄有多么美?

10　　师:　好! 这个小村庄有多么美或者有多么不好,这是大家提出的第一
　　　　　　个问题,也是我们学习的第一个目标——有怎样一个小村庄。

11　　　　　我们先解决这个目标,明确吗?

12　　生:　明确!

13　　师:　怎么解决呢?

14　　生:　读课文。

15　　师:　好! 我们自己读书,自读、自悟、自得,看看能不能解决……

以上语料,我们同样可以总结出两个类别:知识和认知方式。知识类别包含语文知识(如"这是大家提出的第一个问题,也是我们学习的第一个目标——有怎样一个小村庄")和社交知识(如"对不起,老师写错了,老师把它改过来")。认知方式包括由学生自发产生问题来引导学习(如"有哪样一个小村庄")以及教师对真理追求的言传身教(如"老师给大家鞠躬是因为我们都要服从真理")。学生对学习语文阅读赏析知识的动机源于对自己由课文标题产生的疑惑,并且通过教师故意犯错,接受学生指正并致歉、致谢,学习如何处理错误以及师生如何平等交往。在此段教学中,学生和教师都为知识学习提供了信息,因此,师生共同发展、和谐相处体现其中。教师故意暴露出自己的"错误",给学生挑战"传统权威"的机会,学生从中明白"吾爱吾师,吾更爱真理"的道理,从而也拉近了师生距离。

(三) 讨论

本研究从建构主义的三种话语分析方法研究课堂互动,为课堂话语研究提供了可借鉴的理论框架和方法论框架。研究者依据三种方法对同一段语料进行分析,指出互动中存在的问题和不足,并相应地呈现三段名师教学实录,从而揭示在三种理论框架下良好的课堂互动所具备的特征。

就研究方法而言,由上可见,建构主义话语分析方法将课堂互动研究推进到更深

的层次。结构主义视角下的课堂互动分析经常会忽略课堂话语的真实情境,一定程度上遮蔽了课堂话语的多义性和复杂性。课堂作为学习发生的地方,需要通过话语分析展现其隐秘而幽微的机制,建构主义话语分析方法为揭示课堂话语的隐含意义提供了可能。

就实践意义而言,虽然教学变革一直强调师生对话、以学习为中心等理念,但现实教学中,教师有意或无意地长期占据话语权,主导课堂话语,控制课堂互动,将学生的学习圈定在寻找教师已经掌握的"正确答案"之中,妨碍学生进行联结过去、现在和未来之整体境脉的有意义学习,诸如此类的问题并不鲜见。上述对三段名师课堂实录的分析,为课堂互动实践提供了可以借鉴的方法和理念,对如何通过话语实践改善教学具有建设性的启发作用。

第四章 描述性评论取径的课例研究

"描述"是现象学的方法。它启发我们在观察之前将习以为常的分等划类与归纳概括的方法放置一旁,不急于评判和下结论,而是倾听我们所关注的主题,给其以表达和展示自我的时间。"描述"正成为课堂研究的重要视角和方法之一。相对于传统的教学研究,建基于描述基础上的描述性评论开拓了课例研究的视野,因而本章通过阐释描述性评论的内涵特征、行动框架等要素,呈现描述性评论报告的撰写样例,以期丰富课例研究的实践样态。

第一节 描述性评论的内涵特征与行动框架

描述不同于判断。因其拒绝把人和事放在预先确定的思想类型中,从而为理解课堂中教师和学生行为的多重意义提供了可能。描述性评论的兴起深受现象学教育学思想的影响,但其直接动因则是源于对量化取向的教学研讨和评价的反思。作为一种质性评价方式,描述性评论整合了课堂研究与教学评价,代表着一种教学、研究与评价一体化的课堂教学评价和教学研究新取向。

一、描述性评论的兴起背景

20 世纪 80 年代以来,随着教育统计学和教育测量学在我国的恢复与发展,中小学开始制订各种课堂教学评价量表,以求在教学研讨时对课堂教学作出客观、公正的评价。当前我国中小学普遍使用的课堂教学评价标准,是从 20 世纪 50 年代初以来经过几十年教学实践的不断检验和修正,逐渐形成的一个包括教学目标、教学内容、教学方法、教学进程结构以及教师教学基本功等几个主要方面的评课要求。① 进入 21 世纪之后，随着基础教育课程改革的推进，新的教育理念日益深入人心，相应地，各级教研机构和学校开始调整和更新课堂教学评价标准，纷纷增加体现新课程思想的维度和内容，如"是否采用合作、探究的学习方式""是否应用多媒体教学技术"等等。评课者根据评价量表中的每一指标及所赋予的分值进行判断和评分，最后算出得分或者给出等级，这种做法有效地推进了课堂教学评价的实践，提升了课堂教学的质量。但随着教育的发展和课程改革的要求，量化评判的教学评价愈益显露出其不足。

1. 支离破碎的要素分解破坏了教育和人的整体性

把课堂教学的评议要素分解为教学目标、教学内容、教学方法、信息技术等环节，使得教学容易为了迎合这些条分缕析的评价点而变得琐碎、机械。教师准备好丝丝入扣的教学设计方案，期望在流畅、顺利的教学过程中如数实现，害怕或抗拒意外情况。这种求全责备的教学评价非常容易让本应个性盎然、师生精彩观念不断诞生、教学流程和教学内容可随时调整的课堂教学变得呆板、平淡甚至平庸，教师和学生都为求安全、保险、省心而舍弃了个性、情感和理智的全情投入，都仿佛在从事和完成一种不关涉自己内心的外在任务。教学是关涉师生对于学习内容的心智理解与情感体验的事情，不仅是一项认知性实践，更是伦理的、社会的、政治的实践。我们需要超越因素分解的教学评价，努力寻求教学生态中各存在者的生态关系，恢复教学评价的整体性，进而恢复教育和人的整体性存在。

2. 浅表片面的评判标准消弭了课堂教学的复杂性

依照当前多数学校所采用的课堂教学评判标准，教师更多考虑的是师生互动的频率、教学设备和手段的多样化、学生参与的人次和频次、课堂高潮的铺垫与迭起等形式化的东西，对于课程内容与学生理解、多媒体技术、课堂组织方式等之间的内在匹配度则无暇顾及，也无暇考虑何时互动、为何互动、采用多媒体技术的时机和方式、学生个体思维的状态等深层次问题。这种浅表片面的教学评判标准遮蔽了教学的本真意义，消弭了教学的复杂性和情境性，忽略了那些难以直接观测的、动态生成的隐性教学要素。教学评议并非简单的因果对应阐释，而应秉持复杂、连续的动态思维，探寻体现教学复杂性的评价维度。

---

① 裴娣娜. 论我国课堂教学质量评价观的重要转换[J]. 教育研究,2008(1)：17—23.

3. 简单模糊的技术量化消解了教学评议的发展性

教学评议对于教师的根本意义在于帮助教师提升课堂教学的质量和层次,实现促进学生发展的终极目的。传统的量化教学评价只能提供简单模糊的分数或等第,且不说这个分数或等第是否科学合理,更进一步说,这种教学评价实际上把教师置于被观看、审视、评判的被动地位,压抑了教师作为主体对自己教学行为的思考和辩解,忽视了教师在教学实践和专业成长方面所需要的时间和空间,对于教师的日常教学改善和专业发展并无太大益处。教师更为需要的是开诚布公、袒露心迹、直面教学问题的教学评议,这种教学评议能够激发教师对教学本身、对教材、对学生、对教者自己已有观念的反思和审视,进而出现新的教学认识和理解,并尝试不同的教学实践行为。这需要我们超越简单的量化评判和分类划等,追求和实现教学评议的发展价值。

综上所述,面对量化取向的教学评议所暴露的弊端,我们需要对当前的教学评议进行调整、转向,致力于恢复教学的整体性、复杂性以及评价的发展性,提高教学评议的问题聚焦度和反思深度。描述取向的教学评论有助于弥补量化取向的教学评议的不足,因此可以将其视为对量化评价方法的补充,用于丰富当前课堂教学评议的理论与实践。

二、描述性评论的内涵

"描述"是一种用语言界定、描绘、叙写或者表达教学情境的有关性质的尝试。它是现象学把握世界的一种方法。相应地,描述性评论作为一种质性评价形式,力图描绘课堂教学过程中教师和学生的认知实践、情感体验和人际交往,用心去理解和解释教师和学生教与学的行为、想法和状态,而后在此基础上对课堂教学作出非量化的评价与持续性的改进。描述性评论内在地被分为三个方面:倾听与观察、理解与解释、研究与改进。需要说明的是,三者之间并不是一个线性的、渐进的操作程序,恰恰相反,三者之间是相互融合、牵连的,倾听与观察时必然带着已有经验的痕迹,带着自己理解与解释的视角,而研究与改进的行为中必然纳入了倾听与观察、理解与解释的关注点。

1. 倾听与观察

在描述性教学评论中,评价者与课堂教学中的师生之间不是评鉴与被评鉴的对象化关系,而是一种欣赏与倾听的教育性关系:大家共同见证一段围绕学习内容展开的思想之旅,分享期间所遇到的种种问题。由于我们容易受到自己的思维习惯和常识的遮蔽,有时候所听到的只不过是自己内心的声音,而无法听到言说者的真正意图。所以,在观察与倾听时,我们要努力搁置自己的思维定势,有意识地放慢节奏,调整呼吸、平静心情,减少急吼吼的结论和判断。这不仅是对所关注者的尊重和接纳,也是自我的调整和丰富。倾听与观察不是事无巨细或者一览无余的复制现象,而是有一定的选择或者情节,这与倾听观察者的经历或视角息息相关。好的倾听与观察视角必然内在地具有邀请性,引邀我们与文本、与现象对话,让我们不由自主地进行"现象学式"的点头,仿佛身临其境般地看到、听到事件中的场景,想象和体味其所具有的可能性。

2. 理解与解释

理解是一种存在方式,因为教育本身不仅仅是传承知识,更重要的是精神的熏陶和滋养,因而教育中的理解"拓宽我们人类的经验,我们的自我知识,以及我们的视野,因为理解所传达的每一件事物都是被传达给了我们"。[①] 只有通过理解,教育教学的意义和作用才能实现,学生才能实现其精神发展。教学是教师、学生、教材、环境之间的一种平衡和互动,其间涉及多种因素的相互交织与作用。"像教学这么复杂的、长期性的沟通过程之中,眼睛看不见的因素和感化比看得见的行为拥有更重要的作用。"[②] 只有在投入移情的理解与解释之中,我们才不会被表面现象所迷惑,我们才能更真切地理解师生话语中的真正意义,理解发言者的个性表现,理解他与他人之间的相互关系。为了避免过度阐释,我们应注意的是尽量不用主观预想的框框看待对方,而是以移情的态度体验课堂中教师和学生的语言、思想、情感和行为,设身处地地理解师生的内心世界,理解教学的真正状态。

3. 研究与改进

描述性评论直观形象、生动具体,它依赖的是"故事和日志,产生的不是答案或者解决办法,而是思考的空间……期望的是许多声音,对实际的课堂和真实的儿童的密切描述,以及对人类能力的一种深刻的重视"。[③] 在描述性评论中,教师对人性、对自己的学生观和教学观进行重新审视,对师生之间、教学和评价之间的诸多问题进行反复观照和考量并付诸实践,因此,描述性评论实际上是对课堂教学事件和问题的研究与改进。通过研究和改进活动,描述性评论引导教师尝试不同的教学思路,提升教师对实践问题的理解和解决能力,丰富教师的实践性学识,最终改善师生的课堂生存状

① [德]伽达默尔.科学时代的理性[M].薛华等译.北京:国际文化出版公司,1988:97.
② [日]佐藤学.课程与教师[M].钟启泉译.北京:教育科学出版社,2003:344.
③ [美]马格丽特·赫姆莉、帕特丽夏·F·卡利尼.从另一个视角看:儿童的力量和学校标准[M].仲建维译.北京:高等教育出版社,2005:89.

态。由此,描述性评论的发展性功能可见一斑。

三、描述性评论的行动框架

从描述性评论的内涵特征出发,这种评议方式事实上是教师群体对真实的课堂教学过程所开展的合作性研究。描述者通过对课堂的描述提供执教者有关课堂教学的信息,而执教者则通过对描述者的描述的反思,理解和改进教学现象。因此,描述性评论是执教者与描述者合作双赢的行为,在本质上它体现着一种教学、研究与评价一体化的课堂教学评价和教学研究新取向。学校层面在以教研组或备课组为基本单位推进描述性评论时,可参考下列框架。

1. 进入现场,开展描述

在任课教师执教时,其同事或其他专业人员作为描述者进入课堂,开始描述自身所体验的情境。同一般的课堂观察不同,对现象学持有承诺的描述不可能在一开始就设定明确的观察重点或描述内容。描述试图引导我们从理论抽象回归到真实的生活经验。换句话说,描述首要关注的是"课堂是什么样子的"这样的问题,而不是"课堂的特征是什么"。前者要求我们与现象直接接触,而不是钻入已有观念的框框去衡量现象;后者则试图对现象作出抽象和概括。从现象学的态度出发,后者的做法是对现象所作的有意或无意的克扣,只能造成课堂情境的被简化、被变形,把教师的教学从它发生的完整情境中撕裂开来。回顾教师对传统的量化教学评价的深刻抵制,其缘由概源于此。因此,作为课堂教学的描述者需要努力抵制对课堂教学现象进行抽象的诱惑。

让课堂教学展露和言说自身,不用理性的思维去分析,而是用质朴的心灵去际遇,要做到这一点教师需要不断学习并掌握描述的方法。描述期待着描述者运用自身的临场体验和直觉智慧,去理解、感受课堂情境的氛围以及师生的心态并将其记录下来。这看似简单,但由于被传统的各种观念包围着,描述者往往遗弃自己的体验。当我们在谈论一位教师的教学时,我们是不是经常会衡量"教学目标"实现得怎样,"师生互动"的状态怎样等类似的问题? 有没有想过,如果不是被诸如"教学目标""师生互动"等给定的标准所束缚,我们岂会钻入已有的框框而不顾活生生的体验? 掌握描述的方法需要教师不断地练习。首先用文字把当时在那一刻的感受记录下来,然后检讨这些文字,把含有"我以为""我认为"意义的句子去掉,去掉思考的东西,专心体味"课堂是什么样子的"。因为含有"我以为""我认为"意义的句子往往是描述者对现象所作的判断或规范,有违描述的精神。在进入现场开始描述的环节,描述性评论要求尽可能地以感性较强、直截了当的词汇描述当时的体验，而不作任何原因阐释或概括总结。描述的主题总是随后而生的，这是描述取向的教学评论的必然选择。

　　描述者可能存有困惑：存在于一定情境中的事情是如此之多，难道要事无巨细、面面俱到地将其描述下来吗？事实是我们无法也没有必要这样做。当描述者面对课堂教学的情境，自然会生发出感知的重点，恰当的做法是写出自己认为重要的东西，有倾向地选择的东西。在教学发生转折的时刻，在令人兴奋、烦闷、困惑、痛苦乃至平静的时刻，我们所际遇的行为、思想和体验是怎样的，描述就是将我们认为重要的这些具体情境或事件记录下来。从这一点也可以看出，一旦我们开始描述，就不可避免地在进行选择，即估价一系列情境的价值，所以评价自然地贯穿于描述之中。描述性评论的三个方面是相互融合的。下面是对两个教学片段所作的描述，以此为例，展示课堂运作的特殊品质。

　　　　片段一①：在七年级二班的语文课上，某教师因为课前已经布置大家预习《卖油翁》这篇文言文，要求大家掌握重点词语的意思，所以一上课他就开始检验学生预习的情况。多媒体出现了十几个加点的字词，教师逐个叫学生站起来回答加点字词的意思。在解释词语"自矜"时，一个学生大声地回答说"自夸"。教师说"好！"，然后随即问"'矜'是什么意思"，这个学生毫不犹豫地回答"夸"。"这个对吗？"教师显然并不认同这一答案，他点名让另外一位学生起来纠正。"'夸耀'的意思。""对了，答案应该是'夸耀'，记住了！""这两者的区别在哪儿？"我开始有些疑惑。检查仍在继续，学生们快速地回答着书本中的答案。他们在课前花了多少功夫去记忆这些词啊！到"康肃忿然曰"的"忿然"时，被点名的学生低着头回答不出来，教师询问他有没有预习，这位学生仍是面无表情地站着，于是教师又让一位学生代替他回答。到最后一个加点词时，教师要求学生们齐答。当学生们齐声回答完后，教师对学生们的课前预习情况表示满意。然后教学转入下一环节，教师让学生尝试解释这篇文言文的重点句子的意思。

　　　　片段二②：在十年级的健康课上，教师提出了酗酒的主题，并出示了一个故事让学生们阅读。学生们要讨论的其中一个主题是喝酒的合法年龄。当谈论在班

① 案例源于作者在一所九年一贯制学校所作的田野日记。

② Manen，M. V. (2002). Writing in the Dark：Phenomenological Studies in Interpretive Inquiry．London：The Althouse Press，86 - 87，略有改动。

级展开时,教师给大家介绍了几个额外的概念和有关酒的消费统计图。酗酒在青少年中并不普遍。教师强调,酒精经常被认为是无害的,但实际上是非常致命的。为了证明自己的观点,教师谈到了一个十七岁的男孩两年前在一个派对上喝酒致死的事情。班上的讨论变得非常活跃。但主题发生了转变。学生们有的谈到成年人由于不负责任而为他们的孩子树立了坏的榜样,另一些人则认为适当饮酒确实有助于健康。教师静静地听着。这时,理查德,一个经常在班上发呆的学生,忽然变得活泼起来。他不假思索地说:"与从工作场所回到家中放松饮酒的父母沟通太困难了。我妈妈在她开始喝酒时就变得不像她了!"他突然的发话造成了惊人的影响,整个班级都静静地看着他,不过不是嘲笑的目光,而是似乎感受到了他所受到的危险。然后,其他人分享了他们喝酒的经验,以及因为喝醉致使友谊毁于一旦的故事。当儿童们还在讨论时,我感到这是多么的不可思议,他们在一种接受和归属的氛围中分享着各自的脆弱和无助。

2. 解释现象,揭示主题

在课后的群体研讨中,描述者首先需要汇报自己所记录的课堂教学现象,与群体分享自身的课堂体验。而后,教师群体经由反思对现象作出解释。对现象的解释可沿如下脉络展开:一是探寻执教者何以如此教学的原因;二是阐明描述者是如何看待这一教学现象的;三是发掘其他研究者对这类教学现象的解读。解释不是一个机械的过程,而是一个富有创造性的过程。之所以沿三个脉络展开,一方面是因为一、二两条脉络的交汇有助于让执教者与描述者在平等的协商中就课堂教学现象的意义达成一致,避免因单方面的"话语霸权"造成彼此缺乏认同的局面。另一方面,关注其他研究者的解释脉络,则是为了引导教师群体基于教育学或学科方面的专业知识对教学现象作出阐释,避免陷入到对教学现象作自我经验性分析当中。虽然对描述的解释并不排斥教师个体的日常经验,但对提升教师的专业实践而言,基于专业知识阐释教学现象具有更直接和更根本的价值。

解释的最终目的是揭示现象的主题。主题是经验的焦点和意义,对主题进行揭示就是明确现象的意义。因此主题不是通过概括或总结给所描述的现象加一个题目,而是试图阐明某种课堂教学经验的特质。通过揭示,我们将对课堂教学情境的运作方式、特点及对师生可能有的影响等问题有所明了。仍以上述两个教学片段为例:

在片段一的课后研讨中,执教者指出,之所以这样教学是因为文言文常用字词的积累对于提高学生的文言文阅读能力是很重要的。因此在课前就要布置学生读懂会背,然后在课上通过句子解释加以复习巩固,以便牢固记忆。描述者认同教师在文言文教学中对字词落实的重视,但同时让教师反思:自己的做法体现出对字词教学的重视了吗? 在课上,教师除了检查学生对字词的掌握情况外,对文言文的字词教学又做了什么呢? 可以说是无所作为。那么作为教师本应发挥的指导作用何在呢? 这一片段至少表明,在文言文的字词教学中教师仅作为一个检查者是远远不够的,师生之间的一种教育性关系期待重建。同时,描述者与执教者还进一步回顾了《语文课程标准》对文言文字词教学的要求、部分学者有关文言文字词教学的论述和一线教师在文言文字词教学中采用的多元方法。通过学习,双方认识到,读懂教材的选文不是目的而是工具,学生在教师的指导下通过选文的学习,养成阅读和使用工具的习惯,积累文言文常见字词的理解,更好地拓展阅读才是目的。文言文的字词教学并不必然是枯燥无味的,教师需要为学生的学习提供多样化的支撑。片段一中教师的退却姿态显然是对自身职责的放弃。

片段二展现了一个课堂教学发生转折的时刻。课堂讨论在不知不觉中滑入一场真正的对话。这一转折点是在怎样的情况下发生的呢? 教师在组织学生讨论时,预定的讨论主题是喝酒的合法年龄。然而,主题发生了游离,计划好的课堂突然发生了转变。但教师似乎没有把学生拉回主题的意思,只是"静静地听着",放弃了对课堂的控制。这似乎并不符合课堂讨论需要遵循的规则,比如不能跑题。表面上,教师的做法与片段一中教师的无所作为没有差别,然而,回到情境描述,我们看到教学随后的推进肯定了教师在这一时刻"无所作为"的意义。由理查德开始,谈话由外部世界转向了内心世界,学生们开始分享自己的秘密。被检讨的主题虽然开始变得缺乏逻辑和力量,但却更具有关心性和真实性。描述者也都体验到了主题讨论与心灵对话的细微区别。虽然两者都是"在一起谈论"的经验,但讨论的双方会产生观点的冲突乃至对立,而对话则把彼此带入一种共享的氛围中,学会相互理解和维系更深的联系。如果说讨论可以由教师施加控制,那么对话则不是按谈话者任何一方的意愿而进行的,它以个体间的亲密、脆弱和内在的约定为特征。正如加达默尔所言:"也许这样说更正确些,即我们陷入了一场谈话,甚至可以说,我们被卷入了一场谈话。……谈话的参加者与其说是谈话的引导者,不如说是谈话的被引导者。"①因此真正的对话绝不可能是那种我们意想进行的谈话。对话的发生需要建立共享的氛围和敞开彼此的心灵。

有时我们会发现上述主题作为一种共同特征反复出现于我们所收集到的描述中,由此也可以看出描述内在地具有启发性,虽然读者所际遇的现象同描述者所描述的情形并不完全相同,但不同现象所彰显的主题的要点可能是共同的,因此面对描述的现象,读者也便"心有戚戚焉"。这或许就是描述性评论的独特性或魅力所在,它引领我们在一种共通的人性中与他人建立联系,共同展开对世界的想象和思考。

3. 协商改进,提供建议

描述性评论不能随现象意义的揭示而完结。通过反思具体的教学现象来明确主题的方法有助于教师群体展开自我询问:"这样做对吗?"这样的问题促使教师在认识到已凸现的主题时对具体现象(这个儿童、这种情形、这种行为)作出判断,明确自身的局限并努力加以超越。课后研讨的最终目的是改进教学。以上述两个教学片断为例,旨在改进的协商仍在继续:

在片段一中,教师进一步认识到,自己的做法是有欠缺的。文言文字词教学的方法多种多样,自己的教学恰恰忽视了方法的学习。仅仅关注词句的记忆,而没有方法的引导,只能造成学生的一知半解。因此,教师需要承担示例的职责,为学生示范科学的、有依有据的解词释意的方法。比如借助工具书、联系已学过的文言文中的字词、比较字词的古今意义等,让学生在一种广泛的联系中掌握文言文字词的学习方法,以便触类旁通、举一反三。

在片段二中,随着话语的推进,教师似乎忘记了自己作为教师负责组织班级讨论的身份。对于深具偶发性的对话而言,对课堂控制的适时放弃显示出教师极高的专业素养。它表明教师作为一个参与者融入教学之中,保持了一种深刻的在场,从而有机会倾听和理解学生的内在生活。如果说必须提供建议的话,在课堂对话发生的时刻,教师不仅仅作为倾听者,也可以开放自我并与学生分享他们的个人经验,通过表达自己有关喝酒的经验,与学生同享一个世界,就如同学生进入

---

① [德]汉斯·格奥尔格·加达默尔.真理与方法——哲学诠释学的基本特征(下卷)[M].洪汉鼎译.上海:
上海译文出版社,1999:489.

了教师的世界,并共同致力于转变这个世界。

由此观之,描述取向的教学研究实质上是对教师的日常教学不断加以改进的一种方式。需要强调的是,教学改进是一个长期的过程,"提供建议"不应随课后研讨活动的结束而结束。

4. 提炼结论,获得启示

虽然通过评论寻找到特定教学情境的改进路径已相当得完满,但为了获得对相关问题的一种高度警觉,描述取向的教学研究有必要进一步提炼研究的结论,总结情境的关键特征,以便指导教师感知其他的教学情境。如前所述,描述内在地具有启发性,尽管没有一个情境与其他情境是完全相同的,但在某个情境中提炼的结论,也许与其他情境中发现的结论有一定联系。回到上述两个教学片段:

在片段一中,教师作为检查者实际上是以自身的权力去推进教学,而不是基于理性去思考学生目前的发展需求是怎样的,自己应为学生的学习搭建怎样的支架和平台。反思教学实践,难道许多的情境不是在按照教师的路数推进吗? 权力或控制的欲望往往成为教师专业实践的绊脚石。由此,片段一所展现的教学情境启发所有教师去反思:我的教学是以何种力量去推进的? 究竟是我以自身作为教师的身份在主导着课堂,还是学生以自身涌动的力量在创造着课堂?

品味教学片段二,相信所有的教师都会感慨那些触动学生的心灵而不仅仅是理智的课堂对话是多么的难以捉摸又是多么弥足珍贵! 虽然无法通过预设去达成这样的对话,但也并非无迹可寻。要点燃这样的对话,教师必须尊重教学生活的偶然性,知道什么时候该放弃控制。

虽然在上述的阐述中,两个教学片段是作为独立的分析单位存在的,但要找到二者之间的联系也并不困难。片段一中的教师以身份所象征的权力取代了自身本应承担的理性指导,片段二中的教师则为敞开对方的心灵和营造共享的氛围而放弃了理性的指引,同样是失去理性的力量,但其意义却大相径庭。这再一次证明,对教学本质的际遇很大程度上只能经由对具体情境的描述予以实现。

通过对结论的提炼,教师概括出特定情境的描述性评价所提供的经验和教训,这些经验和教训作为理解其他教学情境的一种方式,有助于发展教师对这类事件和对象的警觉性和敏感性,从而更为全面和深入地对其作出评论。

第二节　描述性评论报告：以对一堂作文课的研究为例

描述性评论为课例研究提供了另一种可资借鉴的模式,代表着课例研究的新思路和新方向。在结果的表现形式上,描述性评论的结果不再是简单的某个分数或某个等级,而是一个体现描述、研究与评价一体化的新文本。关于这个新文本的样态,从描述性评论的操作方式出发,我们可以将描述、解释、改进、启示四个方面作为这个新文本的写作框架。这四个方面与艾斯纳所倡导的教育批评的四个维度——描述、解释、评价、主题有相通之处。借用艾斯纳对教育批评四个维度的内涵分析[①],描述性评论的四个方面的侧重点亦有所不同。描述的方面指的是一种用语言界定、描绘、叙写或者表达教学情境的有关性质的尝试。并不是要写存在于一定情境中的所有事情,而是要写出教师认为重要的东西。解释的方面要求指明教学情境对于涉及其中的人员意味着什么,课堂是如何运作的,什么思想、概念或理论可用以解释它的主要特征。其目的是寻求社会性事件的深层结构、规则或者赋予它们次序的模式。改进的方面要求对教师的教学实行多重检视,从不同的角度反思教学情境,衡量得失利弊,找到改进教学行为的方法和策略。启示的方面指提炼研究的结论,总结研究的关键点,从中获得启发,以便将所获得的经验和教训用于理解其他的教学情境。

下面选取一堂作文课作为描述性评论的对象,其中所展现的论述层次——描述、分析、反思和启示与上述描述性评论的四个方面一一对应。

一、描述

在上海市浦东新区的这所初中开展课堂研究已近一年,我与课题组的老师们已彼此熟悉。快到上课时间时,我跟随课题组成员苗老师来到他任教的六年级二班。学生们对我出现在教室早已习以为常,因为在他们每星期开展研究型课程时我时常观察他们的活动。因此即便是语文课,他们对我的到来也并不感到好奇。

---

① ［美］埃利奥特·W·艾斯纳.教育想象——学校课程设计与评价.李雁冰主译.北京：教育科学出版社,
2008：233—242.

我选择了讲台左手边的座位坐下，面对着他们，期待着他们在课堂中的表现。这节课是作文课，作文的主题是描写自己熟悉的一种小动物。"现在我们开始上课！"上课铃响起的时候，苗老师直接进入主题，鼓励大家展示自己的作品。

李丹第一个站起来，朗读自己的习作。教室里其他的人都在静静地听着。文章精彩处，偶尔会有学生因受到感染抬头注视一下朗读者。李丹声情并茂地把自己的习作读完了，苗老师问道："灰灰在你脸上'留下几道弧线'，这是怎么回事？那是几道怎样的'弧线'呢？""那是它用它的嘴舔我的脸。""噢，那个亲昵状真叫人羡慕！"苗老师的感叹并未引起共鸣，学生们沉默不语。他继而引导大家："看得出，大家听得很投入啊！能谈一下自己的想法吗？是不是还沉浸在刚才的故事情境中呢？跳出来，咱们来'说长论短'，好吗？"一个学生站起来流利地说道："文章句子通顺，内容丰富，主题突出。"教室里爆发出一阵笑声。苗老师也笑了几声，然后幽默地说："说得好！作文书里就是这样说的。"学生们继续笑着。"你能说具体点吗？"刚才的学生回答说："她能联想到小狗是怎样想的。"另两个学生继续评议："从文章的词句中可以感受到，李丹跟灰灰相处得非常融洽，和灰灰在一起的日子是非常快乐的。当灰灰发生车祸后，可以感受到李丹非常伤心！""从文章中我看到李丹和灰灰一起经历过许多酸甜苦辣，她是真的思念灰灰。"说到"思念"时，苗老师说："毫无疑问，李丹对小狗灰灰的思念之切令我也感同身受，我记得你（谢俊毅同学）的那篇作品的题目叫'残——'""残忆。"谢俊毅回答道。"为什么叫《残忆》呢？""残缺的、残存的、不完整的记忆。""哦，有意思！你把它读给大家听听吧？"苗老师询问道。

谢俊毅开始朗读他的《残忆》，苗老师走到他近前，专注地看着他手中的稿子。谢俊毅一读完，苗老师拿过他的作文本一边向同学们展示，一边兴奋地说："现在看到这篇作品令我惊讶。昨天我第一次读这篇文章的时候还没有这些（指认真修订的部分）。瞧！他自觉地作了如此认真的修改！"听完苗老师的话，学生们或许陷入了对自己写作的反思。课堂又开始了短暂的沉默，苗老师静静地期待着。一个学生主动站起来说"谢俊毅同学的这篇课文——"，苗老师打断他："'这篇课文'，把我们同学的作文当做'课文'，可以吗？"学生们大声地回答："可以！"刚才站起来的学生继续说道："他对小鸡的外貌描写得很细致，读了之后有一种想要看看这只小鸡的期待！还有，他能引用一两句有意思的句子把小鸡的特点写得生动有趣。"苗老师回应说："哦，他对小鸡的外貌作了具体、生动的描写，'具体'、'生动'

是一对孪生兄弟啊。他还能适时的运用引用的方法,以达到生动有趣的目的。真不简单!"苗老师的话音一落,另一个学生继续说:"给我印象最深的是这样的一个情节——'我'竟半夜起来偷偷观察,想看看夜晚小鸡是怎样的。"学生们似乎进入了状态,课堂中的发言开始变得踊跃。"我觉得谢俊毅这篇文章的写法有点与众不同,他在结尾处才交代本文所描述的'主人公'的名字。我感觉他这样写很特别。""你的发现也很特别! 我也有共鸣!"苗老师不住地点头。一个学生解释道:"把名字放在文章最后交待是有理由的。他写这只可爱的小鸡太投入了,以至到最后才记起告诉读者小鸡的名字,不仅合理,而且令人感觉亲切。"苗老师表示赞同:"忘情地去写,的确太投入了! 写到最后,哟,我还没告诉读者那小鸡叫什么名字呢,这里赶紧补上。"欢快的笑声在教室里响起。"是这样吗? 这不经意间就生发出神来之笔了! 真不错! 你们每个人都有自己的独特发现,是真知灼见! 我很欣赏! 还有吗? 咱们力争多欣赏几篇这样的美文。"

陈曦在读完他的习作《荷兰鼠》后,有人小声嘟哝了一句:"雷同。"教室里随即陷入了沉默。这篇文章的开头和结尾与课本中的例文太相像了。苗老师让他把最后一段再读一遍。"天下的猫咪们,拜托你们发发慈悲吧! 千万别吃我的荷兰鼠啊……""喃喃自语,那么恳切!"苗老师评论着,"还沉浸在情境当中呐!"一个学生迅即领会了教师的话意,站起来评论道:"母亲从天津那么远给'我'带回了这只荷兰鼠,我认为这篇文章不仅写了'我'对动物的关爱,同时也能看出'我'对母亲的关心是充满感激的。""你的意思是说,他在文中也表达了另外一层意思,即'我'对母亲的感激之情,是吗?"苗老师询问道,"你的这个观点我不太理解,咱们课后再交流好吗?"课后这位同学修正了自己的观点:文中写到"是妈妈从天津给我带回来的"只是一个必要的交代,而非"对母亲的关心充满感激",文章的主题还是集中的。课上没有学生再对陈曦的习作发表观点,课堂转入了下一位同学的习作分享。

"今天在做作业时,我阅读了《支支》一文,便不由自主地回忆起我那小时候的好友——小白。……小狗小白的趣事还有很多,说也说不完呐! 下次再说吧!"还未等王佳音兴奋地读完,就有同学开始窃窃私语:"连载。"苗老师也笑着说:"嗯,'下次再说吧',大家等着看你写的续篇。哪位发表意见? 又是你! 其他同学蓄势待发!""文中写到,奶奶看到小白'浑身瑟瑟发抖'十分着急,她知道小白一定很冷,她吓坏了,说明他奶奶十分关爱小动物。""她用自己的围巾给小狗包起来了。"

一个学生补充道。"你们注意到了老人下意识的动作,体察到了她内心的活动内容。"苗老师回应说。另一个学生站起来,他声音很低,慢慢地说着:"我一次偶然碰到一只小狗,对它一见钟情,便带回了家。我对它有着无微不至的关怀!它生病了,我带他去看医生,还亲自给它洗澡……虽然事情过去了很久,但我还是一直记挂着它。从王佳音的开头'不由自主地回忆起',我也想起自己过去也养过一只小狗,它的名字也叫小白!"苗老师也感到很惊讶:"是吗?这真是个巧合!瞧,我们同学听得多投入啊,你讲得真好!""我觉得王佳音这篇文章十分好。他不仅注意了详略得当,而且还把小狗的神态描写得十分具体。""说到'具体',他文中用的一个词,还记得吗?"苗老师问。刚才的学生回答:"憨态可掬。"苗老师一边把"憨态可掬"一词写在黑板上,一边说道:"'憨态可掬'概括了小狗小白'天真'的性格,把小狗小白的神态写具体了。""作者由小狗小白'憨态可掬'的神态联想到《蜡笔小新》里的那只'小白',说明他的想象力很高。"学生们继续评议着,"文章结尾写得也很有特点!""'很有特点'?你的意思是,别人通常都不这样写,而他却这样写就更显'特别',是这样吗?"学生对教师的解释点头表示认同。"我再补充一点,这样结尾真的很好!""这么受欢迎啊?"苗老师插话说。"让人有还想往下看的感觉。"苗老师幽默地回应道:"你改变了我对王佳音的态度。我原以为他这是偷懒!"教室里响起了愉悦的笑声。在笑声中,苗老师提示大家:"咱们继续展示吧!"

"记得我跟花花相识是在一个下雨天……"伍琴开始朗读它的习作《我家的花花》。"这也是一只小狗吗?"苗老师问道。"不,是小猫!""它叫——""花花。""不叫欢欢?我听成'欢欢'了,我家小猫叫欢欢,老猫叫咪咪。"苗老师欢快地说,"我猜到会有同学写猫的,请你稍等一下,咱们先来看看我家的猫咪。"苗老师开始播放一组小猫欢欢和老猫咪咪的生活照,一边播一边向大家讲述自己家的猫咪的故事:咪咪原来是一只流浪猫,现在早已成为我们家庭的一员。这是欢欢,去年春天来到我家。当时她可能只有几个月大,那天欢欢不知为何迷失在我家的花园里,小欢欢惊恐地躲在花丛里哀号……之后,这里就成了她的新家。欢欢初来乍到,先洗了个澡,吃了顿营养餐,然后美美地睡了一觉……欢欢这位"不速之客"的到来,一度令咪咪愤然离家出走……后来啊,它们竟成了一对"忘年交",原来"势不两立",如今"形影不离""相依相伴",俨然成了须臾不能分离的伙伴儿……这是我家的(小鸟)"小小"和"飞飞",还有"小鸽子"和"大眼睛"……"好,请接着讲你的花花的故事吧!"苗老师在分享完自己的故事后让伍琴继续。

伍琴一朗读完她的习作，便有一个学生站起来大声地说："我真为伍琴难过！她为花花付出了那么多，然而花花却狠心地逃走了。我觉得她好可怜！"他焦急的语气令部分同学想笑。苗老师关切地问道："啥时候的事？"伍琴回答："一年前吧！""哟，那不好办了！要是昨天失踪了，没准明天就能回来。我家咪咪出走了整整一个星期呀，结果还是回来了。"另一个学生很是气愤："我认为花花实在没有良心，伍琴那样无微不至地关心它，它还出走！"同学们为他气愤的表情笑作一团。苗老师附和道："真不应该！""希望它快点回来！"另一位学生喊道。苗老师失望地说："估计回不来了。""我觉得花花挺忘恩负义的。当初，它还很小的时候，伍琴'连抓带扯地硬把它抱回家'，费心地把它养大……"没等学生说完，苗老师接话说："我估计是这个原因：人家不情愿到你家去，然而最终它自己却不能做主。'题外话'，说的是'题外话'。""'题外话'也可以说。"又有一位学生站起来评议："我觉得她用了许多好词，如'望而生畏'还有……'面黄肌瘦'、'狼吞虎咽'、'衣冠不整'、'尊容'等等，这些词语使得文中小猫可怜兮兮的样子更加形象、生动。"苗老师点头说道："是的！不仅词汇丰富，而且表达亲切自然！"

　　评论完伍琴的作品，就快到下课时间时，苗老师又同大家一起分享了一位学生为自己同伴的习作所写的一则书面点评文字。最后他总结道："现在来看，许多作品假如再用心修改修改，我相信一定能赶上例文的水平。课后，请将你们给自己伙伴评点的文字写在日记上，作为今天的作业。我期待着欣赏你们为同伴所作的评点。你们认真书写的每一篇日记，我都把它们视作作品。我一直是你们的作品的忠实读者。"下课的铃声响了，苗老师准备离开教室，学生们开始与自己的同伴交换习作……

二、分析

　　回顾这堂作文点评课，我们看到师生共同分享了六篇习作或六个故事：李丹的"灰灰"、谢俊毅的"小鸡"、陈曦的"荷兰鼠"、王佳音的"小白"、苗老师的"欢欢"与伍琴的"花花"。那么这堂课呈现出怎样的特征？这些故事又意味着什么呢？在这里，我将试图从课程、教师和学生三个角度来解释这堂课，来揭示这些故事对课程、教师和学生的意义所在。

（一）课程

印象中，作文教学的"课程"究竟指的是什么呢？课本中的例文、名家的范文、出版商不断推出的"作文大全""作文训练",还是教师意欲教给学生的写作技巧?无论适切与否,这些往往成为学生在课上或课后需要修习的文本。然而在苗老师的作文课上,"课程"被赋予了新的内涵。儿童的作品,更确切地说是记录自我生活或成长史的一篇篇习作,成为儿童创造的自己的课程。由此,"课程"的词源"Currere"所表征的内涵——"学生与教师在教育过程中的活生生的经验和体验"①——在课堂中得以展现。李丹、谢俊毅、陈曦、王佳音、伍琴所讲的故事无不是他们真实生活的记录。对苗老师而言,当他在课上向全体学生透露和展示"欢欢"的故事时,亦是在践履他的"生活即作文"的教学理念。我手书我心,作文是儿童生活的再现,是儿童心灵的表达,除却模式化的训练,儿童作文的才情和灵气才能跃然纸上。

在苗老师的课上,学习写作的过程即是带领全体学生品读同伴习作的过程。那些范文或例文所透露的写作模式并未被提及和强化,写作的程式化被打破,神秘性被驱逐,"原创性"和"真实性"得到维护。在谢俊毅分享他的习作《残忆》时,一个学生或许是因为口误将习作称为"课文",苗老师不失时机地让大家认同这一说法。而在整堂课中,苗老师不时地把学生的习作称之为"作品""美文",并强调自己是学生作品的"忠实读者",这些无不自觉地渗透了对学生作文"原创性"表达的一种赏识和推崇。在制度化和权威化的课程知识充斥的一般的课堂中,"原创性"凄惨地被剥夺了。佐藤学曾指出:"剥夺了'原创性'的知识,是一种既丧失了唤起想象力又丧失了产出新思考的知识,……沦落为只有应试这一市场价值的无意义的、无机的信息。"②当作文教学在应试教育的驱动下,为了对付考试而陷入套搬模式、背诵范文甚至抄袭范文的扭曲境地时,苗老师在课堂中致力于恢复作文的署名及内容的真实性,并将其作为探究素材的事实显得那么与众不同。恢复课程知识的"原创性"的课堂亦是师生忠实于自己的真实而生存的场所。忠实于自己的真实即是忠实于自己的"内心声音"。所以在倡导"原创性"的作文课上,写作完成了语言表达与人格形成的统一,写作成为认识自我,发现自己成长道路的历程。不仅如此,通过分享他人的作品,我们还进一步认识和理解了自己的同伴。换句话说,写作既是构成儿童个性的契机,又是在儿童的世界里构成沟通的契机。"文道统一",写作不仅要关注语言知识的获得、能力的提升,同样重要的是儿童的生命体验、价值取向、心灵丰富程度、审美趣味等精神向度的成长。

---

① 张华.课程与教学论.上海:上海教育出版社,2000:66.
② [日]佐藤学.课程与教师[M].钟启泉译.北京:教育科学出版社,2003:118.

（二）教师

苗老师担任六年级两个班级的语文教学，同时是学校《小草》文学社的负责人。他的办公室里经常聚集着由初中各个年级的学生组成的《小草》文学社的成员，他们的刊物每月要出版一期，所以苗老师课余的很多时间都与成员们在组稿、改稿。这使他有更多的机会接触学生作品和思考作文教学。他话不多，平时很少说什么，但偶尔也会在课后兴奋地向我谈起课堂中发生的事情或学生的精彩言论。有时我会怀疑一个如此不善言辞的教师如何能教好语文这门学科，但是在苗老师的课上所感受的氛围以及他的幽默个性打破了我的这一成见。

对教学而言，如何应对课堂中短暂的沉默或教学中断的时刻，这个问题对一个看似不善言辞的教师应该更具挑战性吧。然而，苗老师的做法并未让人有突兀之感。他是那样的坦然，就像在评议李丹、谢俊毅和陈曦的习作时我们所看到的那样，对待课堂中出现的短暂的沉默，他并不急着想法设法去添满课堂的每一秒和每一寸空间，有时他会用温和的语气鼓励大家跳出情境开始评议，有时他只是耐心地等待。我相信这些时刻是苗老师对学生无比尊重的德性使然，更是对教学真意心领神会的自然之举。在课后研讨时，他坚持认为，就像游泳一样，学生们是在阅读和写作中学会写作的，而不是教师教会的。"无论我教给他们多少写作的技巧，他们也无法学会写作。只有在分享同伴的习作中，在不断修改自己的作品中，他们的眼睛才能学会发现，他们的心灵才能被触动。"基于这样的理解，课堂中的短暂的沉默具有了新的意蕴和价值。那些沉默是学生反刍和咀嚼自己的阅读体验和生活故事的时刻，是学生创造和诞生新理解和新观念的时刻，正是这些时刻的存在维系了学习的连续性和深刻性。

苗老师作为学生观念的解释者的角色亦令人印象深刻。当学生们评议不同的习作时，我们会听到他诸如此类的话语——"哦！""我也有共鸣""是这样吗？""你的意思是说"……他对学生评议的话语始终保持着一份敏感，及时地予以捕捉，并通过自己的解释加以认同或修正。在课堂中，他所扮演的角色既不是作文技巧的转述者，亦不是课堂教学的裁决者，他是学生观念的解释者。他的一种重要的个性品质对这种角色的实现产生了深刻影响，那便是幽默。他那不动声色的幽默，有时是推动课堂评议得以承继的催化剂，正像我们在第一个故事中所看到的那样。但更多时候则是确证学生观点的强化剂，这在评论谢俊毅和王佳音的习作时可见一斑。幽默有效地淡化了他的评议者的味道，从而为学生的评议提供了一个更加开放和自由的话语空间。

在一个追求更少控制感的课堂中，教师除了作为解释者不断地倾听学生并适时地对其加以鼓励和点播外,还可以做些什么呢？苗老师所做的事情为我们展现了一种新的可能。他通过向学生展现自己的生活故事完成了自身作为局内人的身份诉求。他并不独立于教学之外,也不独立于学生之外,他是与学生共同书写世界的人。他的勇气体现在他把教学转化为一个师生共同探究的事件,他没有为保持自身的权威感而在教学中采取退避的方式,他平等地书写着自己的生活。从苗老师的身上,我们可以看到要成为一名好教师,仅仅掌握理论和技术是远远不够的,保持对世界的敏感性、勇于展现真实的自我……诸如此类的优秀品质都是必不可少的。

(三) 学生

在课堂上,我们欣喜于听到学生基于自身真实生活所创作的作品。不过带给我们更多震撼的则是学生观念与情感的酣畅淋漓地释放。有效地学习表达技巧而不失审美鉴赏成为这堂课的典型特征之一。通过组织学生在对话中互相鉴赏和评议彼此的作品,学生们获得了充分表达个人观点的权利,与此同时,课堂转化为一个相互倾听的场所。写作的方式、表达的技能在课堂中并未被摈弃,它自然地展现于学生个性化的表达之中,并在相互的倾听中化入学生的心灵。回顾每一篇学生习作的评议过程,我们无时无刻不在际遇学生的智慧之光。例如,针对谢俊毅在结尾处才交代文章所写的小鸡的名字,许多同学表达了各自的见解:"他这样写很特别""他写这只可爱的小鸡太投入了,以至到最后才记起告诉读者小鸡的名字。"而对王佳音文章结尾处的写法"趣事还有很多,下次再说吧",同学们的评论则更为热烈。此外,在评议上述两个学生的习作时,师生们还探讨了如何使描写具体、生动的方式。针对伍琴习作的评议则传达出词汇的丰富程度对作文表达的影响。学生们在课堂上的收获进一步印证了苗老师的信念:如何写作是学生自己学会的,而不是教师教会的。

同样值得提及的是学生的情感体验。在这堂课上,儿童与小动物相遇的喜悦、共处的欢乐、分离的无奈等种种情形被表达得淋漓尽致。师生共同创造和体验了回忆、期盼、想象汇聚于当下的时刻,即派纳(Pinar, W.)和格鲁梅特(Grumet, M.)所说的"合成时刻"(Synthetical Moments)[1],这是一种自我和他者心灵相遇、彼此理解、联结一致的体验。这一体验不仅扩展了儿童对于自己最初经验的理解,点燃了同情和关心的激情,而且激励学生去阅读、探索、沉思。在王佳音和伍琴的习作分享中我们可以很

---

[1] Slattery, P. (1995). Curriculum Development in the Postmodern Era. New York & London: Garland Publishing, 208.

清晰地感受到这样的"合成时刻"。学生们在真正的文学创造中,唤起了相似的记忆和情境,分享着自传式的经验,体味着共同的情感问题。可以说,随着课堂教学的推进,每一个学生凭借身体经验到的时间"既不是流水作业般的单向性的时间,也不是均质性的时间",而是"包含了高潮、低迷和中断的曲折起伏的时间,是一种回顾过去、放飞未来、流连现今的循环往复的时间"。[1]

三、反思

教育是一项规范性的事业,最终我们都需要对所描述的教育现象进行评价和判别。在这堂课上,有些经验是需要汲取的,但有的做法的确需要重新予以衡量和取舍。

(一) 经验

基于前面的分析,我们可以概括出苗老师教学的经验所在:

首先,对写作教学的深刻理解是其教学成功的重要前提。长久以来,专注于技能训练而丢失写作"灵魂"的形式作文一直为人所诟病。显然,这堂课没有这些令人不快的老套做法。对于写作教学,或更大范围的语言教学,苗老师所关注的重点不是利用基本的读本、孤立的词和技能进行传统的操练,而是设计一体化的整体语言环境,引导学生理解作品、分析想法和评价观点。传统写作教学过分强调技巧和策略,致命的伤害是消弭了儿童的真实存在。他们只是去用读写技巧在规定的序列中设计故事,去发明故事,而不是写下他们自己的故事,探索他们自己的富有想象力的历史。苗老师的教学牢牢把握住了写作教学的真谛:无论技巧多么高明,只有进入儿童鲜活的现实生活才能发挥作用。

其次,对环境和课堂里的自然进程的尊重成为其课堂的重要特征。教师在那些沉默时刻的耐心等待以及学生观点与情感的充分表达足以证明:课堂教学不应完全按照其预定的教案和时间分配表强行推进,在 45 分钟的物理时间中,自然流淌的是学生的观念之流。正如河流,其航道不是预先决定的,它总是永不衰竭地、缓慢而曲折地流动,慢慢地探索通向大海的航道。苗老师和学生经过教育处所的运动同样没有被外力("向 45 分钟要效率"、"快速学习"等观念和行为)所限定、规范和污染。这表明课堂并不为一个外在的目的所牵引,所有的关系都是内在的,教师、学生、课程、材料都融入一个新奇的场合,教学的使命就是将这一场合潜在的教育意义转变为现实。更明确地

---

[1] [日]佐藤学. 学的快乐——走向对话[M]. 钟启泉译. 北京:教育科学出版社,2004:68.

说,是生成而不是预设成为课堂推进的动力所在。

再次,对学生观念的重视与倾听成为课堂教学的主旋律。课堂上,苗教师创设了一个每个学生都能安心发言的教室环境,并自始至终郑重其事地听取每个学生的发言。无论是出于让学生自身学会写作的考虑,还是其他原因,苗教师都很好地把握了教学的倾听本质。"倾听"看似被动,实则主动,它为教师开展有效的教学指导提供了依据。教师的教育力量并不是只有不停地说才算实现,沉默与倾听同样是教师教育话语的重要内涵。在师生互动中,与其说是教师的表达能力,毋宁说是教师的倾听能力更足以考验其水平。不夸张地说,如果教学领域拥有未来,它来自于教师重构的作为倾听者身份的实践。

(二) 改进

回顾这堂课,虽然整体上已相当有效,但仍有改进的空间。特别是在评议陈曦的习作环节时,学生所反映的作品"雷同"问题实际上揭示了作文教学的一个重要主题:如何看待模仿的问题。但教师并未意识到这一主题需要深入。或许在教师看来,模仿是学习写作时极平常的事情,但与创造相比,模仿是不值得提倡的吗?写作中怎样的模仿是允许的?是表达方式上的模仿还是思想观点上的模仿?二者具有等价性吗?如何评价陈曦习作中的模仿?……对此,有的学生是心存疑问的。如果教师意识到学生的犹豫,并切实地提供学生认知这一问题的相关支架,相信学生对写作中的模仿会有更恰当的理解和更深的领悟。课堂教学倾听的对象并不是作为全体的"学生"这一概念,更高的要求是倾听每一个实实在在、具体生动的学生,把握他们的最近发展区,为他们从现有水平发展到即将形成的水平搭建脚手架。

令人遗憾的还包括教师在分享自己的故事后,并未组织学生进行评议。虽然这为学生作品的展示预留了时间,但学生究竟是把教师的故事视为范文还是有待评议和检讨的作品,我们不得而知。倘若是前者,学生把教师的习作不加批判地接受下来,那么归属于教师个人的知识无可避免地被权威化,教师的展示不仅没有实现其作为合作探究者的身份诉求,反而进一步强化了其权威地位。倘若是后者,学生们在评议教师的作品时是否忠实于自己"内心的声音",我们也无从判别。无论怎样,课堂作为自由探究的场所显得不够彻底。或许教师这样的做法是出于对课堂教学时间的考虑,但教师完全可以把即将下课时分享学生书面点评文字的环节省略,在评点学生的日记时再来分享学生彼此的点评,从而留出更多的时间让学生对教师的作品也展开评议。

四、启示

要想理性地对待当前的教学改革,教师不仅要从事实层面(教什么)和技术层面(如何教)对教学作出思考,更要从价值层面(为何教)对教学作出深入的追问。正如苗老师朴素的话语:作文是自己学会的,而不是教会的。我们为促进学生的学习而教,但学却不是教的结果,学习并不是把教师所教的内容接受下来那么简单,而是儿童应有的自主且负责任的创造性行为。基于此,课堂教学改革确立的"以学习为中心"的课题,就不仅仅是使教师掌握教的有效策略,更致力于寻求教学范式的转型。尊重学生的学习并不是教师为实现预定教学目标的手段之举,它在本质上致力于恢复学生所拥有的学习权利和自身建构能力。

关于"教什么"的问题,苗老师的课堂启发我们,知识技能只有进入儿童真实在场的生活才有意义。虽然照本宣科、理直气壮地用书本观念覆盖儿童观念的行为和现象已被广泛地进行反思,但这并不意味着教师就持有了正确的学科观。许多教师或许认同每一门学科都不仅仅是某一门类的知识,学科作为人类精神文明的成果本质上与个体的精神和生命紧密相连的。但是如何使学习者的个体的精神生命与学科内容相遇,并与之发生意义关联,仍是我们需要重点思考的问题。换句话说,关于"教什么",不仅考察教师对所教学科的认识,更是考察教师如何思考学科对儿童的意义所在,如何致力于体现学科知识与儿童生活经验的沟通与融合。教师只有以创造"儿童的学科"为使命,才能使学科知识进入学习者的个体生存体验,对个体的生活境遇和问题作出解答,从而提升个体精神生命的内涵。

在教学领域,长久以来人们专注于对"如何教"的探讨,但思路如出一辙,执着于在教的方面"有所作为",恰恰忽略了教学的一个重要前提:不了解学生的学习,便不会有好的教学。如果教师能够领悟这一点,就不会如此迷恋语言,认为只有不停地说才算尽责,总担心自己在课上说得不够多;同时也不会控制教学,使之按照自己的路数一直持续下去。尽管控制并不都是消极的,但知道什么时候该放弃控制是好教师具备的品质。教学的精彩是无法预约的,懂得如何教的教师是那些尊重课堂教学的偶然性的教师,对他们而言,教的真谛在于保持心灵的开放,专心致志地听取学生,并在倾听中点燃课堂的对话,生成教学的意义。

第二编

作为教师专业发展路径的课例研究

第五章　课例研究的一般行动路径

课例研究的国际经验表明，在主要国家和地区的课例研究实践中，尽管并不存在一套普遍适用的操作模式，但在课例研究作为教师专业发展路径的行动过程中却面临一系列共同的课题。本章以研究主题确立、合作教学设计、课堂观察、课后研讨和课例研究报告撰写等课例研究行动中的关键环节为节点，试图描述课例研究的一般行动路径。

第一节　课例研究主题的确立

传统的教研活动多是"就课论课"，研讨的主题并不明确，甚至极为泛化。课例研究与之不同，作为一种分享的专业文化，参与课例研究的教师通常要经过"疑问——规划——行动——观察——反思"的循环。"疑问"呈现的是大家在教学中共同面对的困惑或难题。因此，明确研究的主题就成为课例研究的起点。实践表明，围绕某个主题所开展的课例研究不仅有利于提高其成效和品质，而且共同的研究目标和研究志愿更有利于课例研究小组结成研究共同体。

一、主题的特征

课例研究以教师真实的课堂教学过程作为研究对象，旨在通过研究，化解教学难题，改进教学方式，提高教学质量和重建教学范式。研究的主题具有下述特征：

1. 源于现实。课例研究是教师对真实的教学所开展的合作性研究，它专注于教学实践问题的解决，因此其研究的主题来源于教学的实践，而不是来自某种现成的理论。换句话说，简单地验证某一种理论并不是严格意义上的课例研究，课例研究致力于以科学的研究手段解决教师在课堂教学中遇到的现实问题。由此可见,诸如"社会建构主义对教学的启示""脑科学对课堂教学的影响"等从理论出发的问题是不适合作为课例研究的主题的。课例研究的主题源于教师日常教学中的言行举止,源于教师具体教学场景中的切身体会,源于教师与同伴对教学疑难问题的真诚讨论。

总之,面对现实的课堂教学,我们有太多的问题期待教师去思考,去提升自身的专业判断和实践智慧,如师生和生生的互动问题、教师的提问艺术、学生学习某一具体内容时的前概念及其转化研究、相异构想的处置、如何组织学生开展合作学习或探究学习的问题,等等。

2. 始于反思。教师虽身处现实的教学情境,但能否确定切实可行的研究主题,还取决于其是否具备深刻的反思能力,善于捕捉和提炼真实的课堂教学中各种各样的问题。这些问题可以是共性的也可以是个性的,但无论如何都是教师基于教学反思所发现的自己的问题。因此,课例研究主题的选取必须唤起教师的反思精神和问题意识。当教师处于怀疑、犹豫、困惑、心灵困顿的状态时不必感到焦虑,因为没有困惑就没有成长,这证明自己正处于反思状态,这种状态恰恰是教学研究所需要的。比如,在一堂语文课上,教师按照惯常的方式问学生:"读了课题,你有什么疑问?"学生们的问题一个接一个,但这些问题显然通过阅读课文就可以回答。正在此时,一个学生发出了不同的声音,他认为同学们是明知故问,因为他们所提出的问题在早自习课上预习课文时都已经知道了。这个问题对教师触动很大,他对这种常用的教学方法产生了怀疑,是否不应该再用了呢?经过反思,他认识到方法没有问题,关键是如何引导学生提出有价值的问题。于是他以"如何在语文课上让学生提出有价值的问题"作为研究主题,开始了极富意义的课例研究。

3. 具体可行。在学校开展课例研究的初期,选题过于宽泛往往成为教师容易发生的问题。"提高课堂教学的有效性""建设对话的课堂""开发语文教学资源"等,这些极其泛化的研究主题因无法聚焦问题必然导致对研究内容的解读浮于表面,因无法引导研究者深入探究必然对改进实践收效甚微。更有甚者,研究的问题范围很大,但研究的时间却很短,结果只能是浮光掠影,不了了之。

课例研究主题的选取因而必须紧密结合课堂教学的实际,从小处、细处、实处捕捉问题,选取具有较强的可操作性、具备研究条件的主题小题大做,等全面、彻底地解决后,再研究其他问题。例如一位英语教师有感于课堂教学语言的重要性,试图以"课堂教学言语分析"作为研究的主题,但经过与研究小组的讨论,他意识到这一主题涉及的范围太大。通过观看和反思自己的课堂教学录像,他感到自己对学生的评价语言非常单调、乏味,经常使用的就是"Good""Very good""Excellent"等单词。为改善这一状况,他把自己的研究进一步聚焦于"英语课堂中教师的评价话语"问题。可以想象,因为问题的聚焦,研究的可行性、所能达到的深度和实际价值将会大大增加。

4. 答案开放。课例研究是通过深入反思课堂现象与总结教学经验,而不是简单运用现成的原理与技术来实现教学改进的,研究问题的解决方案因而无法遵从演绎的法则轻易获得,只能经由归纳的思路从中生发。加之实践问题受到多种因素的制约,纷繁复杂,往往会导致研究问题的解决没有已知的、明确的、唯一的答案,很可能存在多种解释和解决方案。

从答案是否开放的角度也可以判断课例研究的主题选取是否恰当。那些借助教科书和现成的理论就能够明确回答的问题,当然不适合作为课例研究的主题。比如,一位数学教师试图以"数学探究学习的要素"作为课例研究的主题,但很明显有关探究学习的要素或环节的探讨已有共识,如何在实践中加以组织才是应当研究的重点。随后他修改了研究的主题,以"数学探究情境的创设"为核心,探讨把学科内容转化为探究情境的方式和方法。因为探究情境是与具体的学科内容联系在一起的,它呈现出类型特征不明显、规律性不强、线索模糊的特征,其创设方式必然具有多样化和开放性的特点,因此值得作为课例研究的主题深入开掘。

二、主题的类型

课例研究是教师与教学情境的持续互动过程。在一轮轮的研究循环中,教师有可能际遇各种各样的实践性问题,从归纳教师教学中可能面临的问题入手,我们可以概括出课例研究主题的大致类型。实际上,课例研究对实践性问题的解决过程即是教师教学知识的积累过程,因此课例研究主题的类型与教师教学知识的划分是相互印证的。透过对课例研究主题的类型分析,我们可以从中发现课例研究主题的选取重点。

1. 与学科内容知识有关的研究主题。对所教学科的深刻与灵活的理解是教师的首要任务。学科内容知识涉及对学科本质的理解以及关于学生应学习哪些重要内容的知识或观念,它决定着教学目标的取舍、教材及教学策略的选取、学生评价的内容与方法,直接影响着教师的教学实践。因此,理解学科并抓住学科的本质就成为课例研究的重点之一,并且这类研究对学科教学而言具有统领性的意义。比如,在一次初中的心理健康课上,教师与学生一起探讨"青春期的美丽"这一话题,通过讲解和组织学生游戏、讨论等活动,教师不断引导学生接受"内在美比外在美更重要"这一观念。在课后研讨时,听课教师大都感到课的方向有问题,似乎把一堂心理健康课上成了思想品德课。显然教师对这一学科内容的理解存在偏颇。于是大家开始思考"青春期的美丽"这一具体的学科内容对于学生的价值,在教学中如何体现这一价值。随后大家围绕"《青春期的美丽》教学主题的意图及设计"这一主题进行课例研究,重新确定了通过这一主题"让学生悦纳自我"的教学意图,从而体现了该学科内容对于学生的真正价值。

2. 与学习者及其特点有关的研究主题。教学的最终目的是指向于学生的学习与发展的,课例研究应重视对学习者的研究。不了解学习者及其特点,便不会有好的教学。学生是如何学习的,对某一课题他们有着怎样的理解和误解,不同个性或水平的学生存在怎样的相互影响,等等,这些都是课例研究所应关注的探究主题。事实上,对学习者及其特点的研究有时是确定教学起点的重要基础。比如,一个课例研究小组围绕"学生在学习水的三态(固态、液态、气态)转化时的前概念及其对教学的影响"这一主题进行研究,发现了学生很多有趣的想法。许多学生在学习"水变成水蒸气"时认为,气体是被包在水中的,当它受热,就会被一点点挤出来。而在学习"水的凝结"时,他们认为夏天从冰箱里拿出的罐装汽水,其表面的水是从罐内渗出的或从冰箱带出来的,而不是空气中的水汽遇冷凝结形成的。基于此,教师在进行教学设计时,就把纠正和转化学生的这些前理解设为教学的关键环节,从而使学生获得科学的概念。除了在上述案例中作为教学起点的考察依据,学习者的具体表现有时也可以作为检讨教学成效的依据之一。

3. 与课程知识有关的研究主题。传统意义上,课程知识主要是关于教材和其他可用于特定教学的各种教学媒体和材料的知识,还包括学科内特定课题如何在横向和纵向上组织和结构的知识。今天,课程知识所涉及的范围更加广泛。教师不再是课程方案的简单执行者,作为课程开发的主体,教师在教学过程中有待承担课程设计和实施的重任。基于此,有关课程知识的实践课题,从对课程标准的理解和落实到教材内容的调整、充实、改造和创生,再到教学中技术知识(主要是关于多媒体)和其他教学资源的合理使用,这些都成为课例研究的重要内容。在这方面,一所学校的数学教研组所开展的课例研究令人印象深刻。这个教研组为在数学教学中体现民族特色,先后开发了对联中的数学、成语中的数学、诗歌中的数学、笑话中的数学、小说中的数学等主题,并根据学生的认知水平和教学的实际效果对上述主题所涉及的内容进行合理取舍,精心编排,最后形成了一系列颇能激发学生兴趣的数学探究内容。今天,在课程改革时代,诸如此类的有关课程知识的课例研究必然有着很大的探索空间。

4. 与教学法知识有关的研究主题。教学法知识是与特定主题有关的教学策略和表征的知识。有效的教学不仅需要教师对自己所教的学科有深入的理解,而且需要教师在面对特定的学科主题时能够将这一主题按照儿童容易理解的最佳方式表达出来,即以适合儿童的思维与学习特点的方式重新表征学科知识。真正的学科教学知识是教师个人独一无二的教学经验。尽管我们可以通过阅读教学法教材或教参上的教学建议熟知不同的教学方法,但在面对具体内容的教学时,是否具有在不同教学方法之间转换的能力才是问题的关键。而这一点教师只能通过教学研究在实践中获得积累。因此,有关教学法方面的议题就成为课例研究的重要内容。例如,一所学校的英语教研组一直强调在教学中要组织学生开展合作学习,但是在实施中他们发现了一个令人头痛的现象,那就是个别优秀学生经常占据话语权,以致小组内的其他成员只是被动服从。于是他们开展了以“分散话语权,促进组内平等”为主题的课例研究,最终找到了有效的解决策略。

三、主题的确定过程

发现教学实践中存在的问题只是课例研究主题确定环节的第一步。在发现问题之初,教师对问题的认识和理解很大程度上仍是模糊的,有待进一步地清晰。因此,从问题发现到主题确立还有一个不断精致化的过程。

1. 收集和分析相关的文献资料。在课例研究中,教师要有意识地将理论学习融入主题确立的过程。虽然课例研究的重点是解决教学中的实际问题,但没有理论作为教师思考与行动的“框架”在其内部发挥作用,课例研究只能限于经验总结层面,无法提高到实践性理论的生成高度。通过收集和分析相关的文献资料,教师可以对教学实践问题作进一步的梳理。以上海市北郊学校几位外语教师开展的“小学中高年级英语Survey(调查)教学模式”的课例研究为例,这几位教师试图把研究性学习的理念和方法引入英语课堂,从而调动学生主动学习英语的积极性,丰富学生的英语学习素材。在开始教学前,他们认真研究了有关研究性学习的部分权威著作和文章,对英语学科中运用这一方式进行教学的难点进行分析,而后在充分考虑可行性的基础上,找到了解决这一问题的关键环节或称之为研究的重点与难点——那就是如何把教材的相关主题转化为学生进行研究的课题,而后再通过收集和分享这方面的资料展开教学。可见,对文献资料的收集有助于我们明晰已有的研究成果,从而在此基础上明确核心概念的内涵,确定研究的重点与难点,为后续研究作好充分的理论准备。

2. 对问题的核心概念进行界定。在分析已有相关文献的基础上,教师需要对所研究问题的相关概念进行界定,最好是能够对所研究的问题进行操作性的描述,以便研究问题及其展开过程更加清晰。以上述北郊学校的研究为例,通过讨论,教师们对"Survey 教学"进行了操作性的描述:"从学生的生活实际出发,创设一个特定的语言情境,从而把教材的相关主题转化为学生进行研究的课题。通过质疑激发学生的好奇心,而后经由实地调查收集各方面的资料,并通过合作学习进行小组分享和观念重组,最后在组间进行交流,让学生表达各自的观点。"显然,通过这样的陈述,教师们对"Survey 教学"这一核心概念的特征就有了清晰的把握。"Survey"(调查)的主题紧紧围绕学生的实际生活,与教材内容紧密相关,并非是宽泛意义上的。同时,调查的结果需用于小组分享,以此实现语言交流的目的。课例研究透过对核心概念的界定能大致确立研究的范围,能使教师有明确的研究方向,也比较容易找到问题的路径,有助于研究落到实处和取得成效。因此,对核心概念进行界定可以避免在研究中四面出击、虚张声势。

3. 提出明确的基于问题的假设。在问题界定清晰后,教师还应通过研讨提出解决问题的初步设想。没有研究假设的课例研究,目标含糊不清,过程无所依循,所得到的研究结论也会是不完整的或者是不关键的。因此提出明确的基于问题的假设是课例研究主题确立中的不可或缺的环节。仍以上述"Survey 教学模式"的研究为例,教师们计划让学生经历"情境进入——提问质疑——实地调查——小组讨论——表达交流"的英语学习过程,并根据实际的效果对这一过程进行不断地修正,最后形成一个完善的教学模式。课例研究中一连串的指导假设为教师提供了清晰的解决问题的思路,成为导引后续研究的方向。比如,用什么样的视角去分析教学,如何分析和说明课例的相关资料,并从这些资料中引申出相应的对策等,在着手研究之前,就要对此有所准备,通过归纳成假设的方式加以探讨。好的假设会为问题解决提供清晰的思路,不好的假设则可能混淆或偏离问题解决的方向。假设愈是清晰,研究的成效就会愈高。反之,忽略研究前的假设,即使分析阶段的步骤极其详细,也往往不会获得理想的成果。

四、主题的系列化

作为微观层面的教学研究方式,课例研究每次所解决的都是教学中的某一具体课题,但这并不意味着课例研究会放弃主题系列化的追求。恰恰相反,从校本教学知识的积累角度来说,课例研究主题的系列化是无法绕开的问题。校本教学知识的创生是在教师个体与教师群体之间以及不同教师群体之间教学知识的共享和转化中实现的。一方面,课例研究微观的研究主题纳入宏观的研究框架下,经过整理和概括更有利于生成教学的实践性理论,从而扩大教学研究的指导范围,提升教学研究的指导水平;另一方面,课例研究主题的系列化必然有助于扩大教师教学知识的共享范围,加深教学知识转化的程度,促进教师合作共同体的构建和形成。以一所学校开展的双语教学课例研究为例,为促进学生在双语课上对教学内容的深度理解,学校各个教研组围绕双语教师的教学语言展开研究,确定了不同的课例研究主题:信息技术组负责"双语课堂中概念讲述活动化的研究",艺术组负责"双语课堂中中英文使用比例研究",数学组负责"双语课堂中英语课堂用语的多样性研究",科学组负责"双语课堂中学科用语的准确性研究"。一段时间后,学校对各个课例研究小组的成果进行了总结和整理,并概括为一个大的研究主题——"促进学生理解的双语教学用语研究"。上述案例反映了全校范围内的课例研究所实现的主题系列化。这不仅有利于校本教学知识的积累,而且对其他学校的双语教学也有很好的借鉴作用。实际上,每一所学校的每一个课例研究小组都应有此追求。

第二节　教案的合作设计

在课例研究中,教案处于极其重要的地位。有的学者将其视为课例研究的基石,也有学者认为一份详尽、全面的教案是课例研究能否成功的关键所在。教案之所以如此重要概因它是课例研究开展过程的重要支撑。在课例研究中,教案是作为多样化的工具而存在的:首先是教学工具,教案规划了课堂活动的蓝图,课堂教学将依此展开;其次是观察工具,教案不仅提示观察者在课上可看些什么,而且是观察者记录和分享观察结果的依据所在;再次是交流工具,教案传达出设计者的思考,在课后研讨时可将其与课堂实况加以比较,以分析、交流预设与生成之间的距离。在课例研究的背景下,怎样设计一份教案才能保证课例研究的开展卓有成效呢?

一、理解"合作设计"的内涵

课例研究是教师对真实的课堂教学所开展的合作性研究。教案的设计也应是合作的成果。虽然我们国家有集体备课的良好传统,但实践中集体备课的形式往往简化为"上课教师汇报设计内容"加"同伴教师提出修改建议",而集体备课最核心的要素,如协作互动、深度研讨、智慧碰撞等往往被忽略。没有实质性的合作,集体备课只能是走过场。课例研究中,教案的合作设计要求教师相互合作,共同探讨授课的最佳方式。为此,教师们需要就以下几个方面交流看法:各自以往的教学经验,特别是当初上这堂课时教学的困难与乐趣所在、学生的表现等;当前班级学生的基本情况;可采用的教学素材等。合作设计有助于帮助上课教师丰富对教学的理解,恰当地调整自己的最初设想。例如,一次课例研究中,教师所选的教学主题是"乘法的初步认识",上课教师希望通过解决一个计算问题引入乘法的概念,题目非常简单:小朋友们去苹果园摘苹果,明明摘了 2 个,红红摘了 2 个,亮亮也摘了 2 个,那么这三个小朋友一共摘了几个苹果? 在研讨时,有位教师基于自己的教学经验提出了异议,他说当他也设计类似的题目让学生回答时,有的学生并不会如教师期望的那样用"$2\times3=6$"的算式计算题目,他们会用"$2+2+2$"的方式计算这道题目,而且认为这样做绝不会出错。这一问题提醒了大家,如何改变设计实现上课的意图呢? 教师们经过讨论,一致认为原先设计的题目的确没有体现乘法相对于加法的优越性,但是这道题目用于引入是可以的,只不过当学生认为用加法就可计算时,教师需要提供新的问题,如"又来了 50 个小朋友,他们每人也摘了 2 个苹果,现在大家一共摘了多少个苹果",通过类似的问题支架,自然可以把学生引导到对乘法的探究上来。合作设计实现了教师群体的优势互补和资源共享,可以让每一个参与者收获更多的思想和方法,但是这并不意味着上课教师要把集体生成的统一认识不加批判地接受下来。合作设计不能以磨灭师生的独特性为代价,每一个课堂中的师生都是具体的,上课教师要坚持"和而不同"的理念,在吸收集体智慧的同时充分考虑自己的教情和班级的学情,根据实际情况修正原有的教学思路,撰写自己的教学方案。

二、开展实证性的学情分析

学生已有的知识经验和现有的发展水平是教学的起点。教师需要通过学情分析确立学生学习的起点状态。在传统的教案设计中,虽然有学情分析的部分,但多数对学生学习状况的分析过于笼统,有时所表达的是整个学段或整个班级学生发展的一般特征,甚至只是用"基于学生的兴趣需要"、"根据学生的特点"等类似的话加以概括,这种分析对课堂教学几乎没有任何实际意义。缺乏针对性是传统学情分析中的突出问题，这从教师对教学重点和难点的把握中也可见一斑。对教学的重点和难点进行分析是我国教师在教案设计时的优秀传统，但是我们所谓的重点是指对全体学生学习和理解起重要作用的部分，所谓的难点其实并不针对不同的学生，而是指大部分学生感到困难的部分。课例研究期望教师对学情的分析不只停留于表面。在教案设计阶段，教师可以运用先导测试或访谈等手段，开展实证性的调查研究，以便真正了解学生学习新知识前已有的知识基础、经验、兴趣，学习新知识时可能会遇到的困难以及适合学生学习的方式等。课前的学情分析越具体，越具有针对性，教师在教学时越能够用更多的时间去解决学生不了解或者学生存有错误认识的内容，也就越能够做到因材施教。例如，一位数学教师在教"正方体的染色"问题时，对不同学习水平的 6 位同学进行了调查，在让他们解决这样一个问题——"用 1 立方厘米的正方体积木搭出一个棱长为 3 厘米的正方体，并且将它的表面涂上红色，问三面、两面、一面涂上红色及没有涂上红色的 1 立方厘米的正方体积木分别有多少个"时，教师特别注意观察他们的算法。其中一位同学因为是在校外学过奥数的，他用了其他同学都不会用的公式很快解决了这个问题；有三位同学则用一张纸或其他物体临时做成或充当一个正方体，然后一个一个地数不同染色情况的小正方体的个数；还有两位同学什么都没做，只是不断地眨着眼睛想答案，似乎他们头脑中有一个正方体存在。不过所有的学生都得出了正确的答案。依据这样的调查结果，教师意识到学生们对问题的表征和解决方式是不同的，教学过程必须兼顾学生各自熟悉的问题解决方式。于是，在原有的设计中，除了通过动手操作和公式推导计算之外，教师增加了一个重要的环节：让学生闭上眼睛，想象一下当正方体的棱长为 5 厘米时，不同染色情况的小正方体的个数是多少。这个环节的设置不但适应了那些习惯于用表象进行思维的同学，而且在具体与抽象之间搭建了一个桥梁，使学生能够顺利地从实物操作过渡到符号推导。实证性的学情分析对教师了解学生学习的现实起点是极其有效的。而教师越是深入地了解所教的学生，越有利于结合学生的实际设计有针对性的教案。

三、转变教案的设计重点

对课例研究的误解之一是它能够生成不同的教学范本，以便供教师选择。而事实上课例研究的关注点是致力于理解儿童是如何学习的，"丰富对儿童的见解"才是课例研究的核心追求。课例研究对学生学习的关注要求教案设计必须突破传统意义上只关注教师如何去教的局面。在基础教育课程改革这一大趋势的影响下，人们对传统的只对教师教学行为加以规划的单线型教案作了大胆革新,将其细化,分为两栏:即教师活动与学生活动,或添加"设计意图"增为三栏。这种复线型的教案有意识地增加了对学生主体活动的设计,并将设计意图也列在旁边,这有助于教师在课后进行反思。我们在此介绍日本教师在开展课例研究时所采用的一种教案写作方式,期待透过这种新型的复线型教案,能使教师对课例研究的追求有更深入的理解。在日本的教案设计中,作为教案核心部分的"课堂教学步骤安排"是由四栏组成的。[①] 第一栏名为"教学活动及提问",包括对课上学习活动的揭示和教师在课上不同情况下要提的关键问题;第二栏是"预期的学生反应",包括教师预期学生会产生的想法、答案、反应等;第三栏概略叙述怎样应对学生的不同反应,另外也要求列出应该记住的重要事项;第四栏是"课堂教学评估",要求教师同步记载和评估课上各个不同部分的教学效果。下面是上海市浦东新区白玉兰小学开展课例研究时,一位教师参考复线型教案的要求设计的《乘法分配律》教案的一部分[②],它在吸收我国教案设计的优点基础上,对日本的教案模式进行了一些改造,从而使双方的优势得以互补。这一教案片段旨在引导学生通过探究对乘法分配律的运算定律进行抽象概括。

表 5 - 1 《乘法分配律》复线型教案(示例)

教学活动及提问	预期的学生反应	教师对学生课堂反应的应对措施及注意事项	设计意图说明
1. 比较等式两边的异同 仔细观察这两个算式,你发现等号两边有什么相同点和不同点? (追问)具体说说怎样不同?	相同点:计算结果相同 不同点:式子结构不同 等号左边先求 32+15 的和,再用 60 去乘和;等号右边先分别求 $60×32$ 和 $60×15$ 的积,再把积相加。	学生在观察、讨论等活动时,注意巡视了解学生的情况。 对课上各个环节积极发言的学生进行表扬。	让学生通过对所列算式进行观察、比较和归纳,大胆提出自己的猜想并举例,互相验证,从而积累丰富的数学素材,初步感知规律。
2. 感悟、猜想规律,再举例 像这样结果相同,式子结构发生改变的算式,你可去猜想并举一两个例子吗?试着用记号笔写在发下的纸条上。	学生尝试写算式。	准备好纸条。 要求学生在纸条上写算式。	

---

① Clea Fernandez, Makoto Yoshida. 课例研究. 马晓梅,邓小玲译. 石家庄:河北人民出版社,2007:36—37.
② 卢洁、杨海燕. 基于监测 研究学生 促进教学——小学数学《乘法分配律》课例研究报告(未发表).

教学活动及提问	预期的学生反应	教师对学生课堂反应的应对措施及注意事项	设计意图说明
3.同伴之间验证式子 大家举的例子是否正确,需要验证。请在小组里互相检查。	学生在小组内互查。	组织汇报,选择学生验证后的算式在黑板上展示。注意选取以下三类,对后两类情况暂时不作评价,后面再研究。 (1)正确的式子; (2)因数据太大,学生无法迅速验证的式子; (3)错误的式子。	
4.用字母符号概括特征 通过举例和验证,我们确信一定有规律存在。 (1)请你在所举式子上圈圈、划划,找出式子等号两边的主要特征,然后想一想:这么多的式子,能否概括成一个式子? (2)尝试用自己的话概括归纳。 我们讨论得到的规律,数学上叫做乘法分配律。什么叫乘法分配律?请同桌交流讨论。	如:$60×(32+15)=60×32+60×15$ 概括成字母式是:$a×(b+c)=a×b+a×c$ 或用这样的符号表达:$▲×(●+■)=▲×●+▲×■$ …… 学生同桌交流讨论。	板书学生概括的式子。 组织学生汇报,同时教师用课件演示算式的变化特征,帮助学生理解。	通过用字母或符号等方式表示,帮助学生初步概括等式的主要特征;把字母表达式前置,将其放在语言概括乘法分配律之前,以与归纳过程的"符号化"要求一致。鼓励学生用自己的语言表述,并尝试板书学生的归纳,体现"数学"上对学生的尊重。
5.阅读课本,理解关键词 看书第65页,看看书上是怎样概括的。边读边圈出你认为关键的词。 (追问)联系前面未作评价的两类学生的算式,理解这些关键词。	学生看书,圈、划关键词。 联系算式理解: "不变"——算式结果相等; "分别"——括号外的因数要分别与两个加数相乘,所以形象地将其称为"分配"; "一个数(这个数)"——具体指"相同的因数"。	用红粉笔在板书上标出关键词:"不变""分别""一个数(这个数)"。 同时指出式子结构中的"和",是与其他乘法运算定律最大的不同。	通过联系算式,以及对定律关键词的解读,帮助学生把握乘法分配律的主要特征。
6.小结 通过观察、猜想、验证、概括和归纳,我们自己讨论得到了乘法分配律。			

如上的复线型教案,作为教学工具,不仅将学生的反应,而且将教师对学生反应的应对措施列入教案的写作范畴,使教师的教学更具有操作性;另一方面作为观察和交流工具,也可以为随后的教学研讨提供反映学生学习状况及教师教学状况的详细证据,特别是学生的非预期反应及教师对学生非预期反应的应对措施。复线型教案充分支持了以学习为中心的课例研究,它使我们认识到,没有对学生学习实况的记录,就无法对教师的教学进行反馈,因为教师"教得怎样"应当从课堂上每个学生的学习实况出发加以考察。

四、关注课后对教案的二次设计

由于课例研究是一个规划、行动与改进的循环过程,因此教案设计也并不会随着一堂课的结束而结束。基于观察的结果和课后研讨的结论对教案进行持续改进是课例研究的一个重要环节,因为教案的修改状况直接影响接下来第二轮教学的质量。授课教师在课后要总结教学经验,充分吸收同伴群体的研讨意见,尤其是要明晰课堂教学的问题,探究何以如此的症结,思考修补方案,改进不合理的做法,以便在随后的教学中避免出现同样的问题。实际上教案设计贯穿课例研究的始终,即使教师第一次授课的效果良好,根据课例研究对学情分析的要求,在另外一个班级进行第二次授课时,教师也应针对这个班级的学生情况对教案作出适当调整。课堂就是在这样的不断调整中实现改进的。例如,一位教师在教"三角形边的关系"这个内容时,第一次的教案设计的核心环节是教师给每个小组准备长短不一的小棒,让学生通过小组合作的方式从中选择三根小棒作为三角形的三边,拼成一个三角形,并量出它们的长度,然后记录各组的数据,最后运用不完全归纳法,在数据比较中得出"三角形的两边之和大于第三边"的规律。根据课堂观察的结果,在课后研讨时大家一致感到这种设计对学生没有挑战性,学生虽然知道了"三角形的两边之和大于第三边"这个结论,但对为什么会是这样的并没有清晰的认识。经过研讨,针对学生的现有基础,教师修改了教案,将原有的教学内容进行转化,改为提供学生一些吸管,让他们动手剪一剪,拼一拼,并思考"在什么情况下三条线段围不成一个三角形"。这项颇具挑战性的学习活动激起了学生的探究热情,他们对此展开了各种尝试,甚至在解释时将三角形的边的长短与所对的角的大小联系起来,从而深化了对三角形边的认识。

备课是上课的基础,教案设计的循环往复不仅是一个不断优化课堂教学的过程,更是教师专业素养不断提升的历程。在课例研究的背景下,我们期待教师能够重视对教案的设计,特别是践行以上各项追求。

第三节 课堂观察工具的开发

"课堂观察"是课例研究的中心环节,该环节提供反映教学效果的证据,是对教学进行反思和重新规划的基础。几乎是在教案设计的同时,课例研究还需要对课堂观察的重点及工具进行设计。课堂观察的重点需要根据课例研究的研究主题来确立,观察重点一旦确立,就需要选取或开发适当的观察工具用于课堂观察。在传统的教研活动中,教师进行课堂观察时的工具仅限于一本听课笔记和一支笔,有时甚至连这些也没有,只是为听而听,不知道要听什么,也不知道怎样去听,听完课后只是三言两语地就课论课,潦草结束。这一方面表明传统教研活动太过随意,缺乏规范;另一方面也说明在教研活动中有效的课堂观察工具不可或缺。课例研究是教师群体的一种专业发展行为,为提升其研究品格,必须借助有效的观察工具来收集反映学生学习状况的证据,以使随后进行的教学反思和重新规划有据可依。综合我国和其他国家开展课例研究的经验,有下列几种类型的观察工具可以借鉴。

一、教案观察表

最直接的课堂观察工具或许是教案。因为只要对照教师的教案,我们就可以了解在课堂的预设之外生成了什么、为什么会有这样的生成以及可以怎样改进原有的设计。在课例研究历史悠久的日本,教师通常都会带着一份经合作设计达成共识的教案去观课,以便在观课中参考查对。如下所示,教案观察表是在复线型教案的基础上开发的,"教学活动设计"与"预期行为"两栏是复线型教案的设计内容,"非预期行为"栏,

表 5-2 《小蝌蚪找妈妈》教案观察表(示例)

教学活动设计	预期行为		非预期行为		提升空间
	学生的反应	教师的应对	学生的反应	教师的应对	
刚才我们用"先""再""接着""最后"这些词语描绘了小蝌蚪的变化过程。大家还有什么问题要问吗?	我观察到它的颜色变了,由黑色变成了绿色,它身上还长出了条纹。	积极地鼓励学生表达自己的观点。强调先长出后腿、再长出前腿、接着尾巴变短等是小蝌蚪成长过程中的明显变化或主要变化,其他变化也是存在的。	小蝌蚪为什么先长出后腿?	这是由它的生长规律决定的。	启发学生可以通过养蝌蚪观察一下。

123

包括学生的非预期行为及教师的非预期应对是课堂观察时观察者重点记录的内容，"提升空间"则是基于对非预期行为的分析提出课堂教学改进的建议。

以《小蝌蚪找妈妈》一课的教案片段为例，在任课教师执教这一片段时，观课教师发现一位学生的发言超出了教师的预期，这位学生问道："小蝌蚪为什么先长出后腿？"教师一愣，显然没有意识到学生会问这样的问题，因为他来不及思索，只能这样回答道："这是由它的生长规律决定的。"在课后研讨时，教师们开始反思，任课教师对这一问题的应对是否是恰当的。经过讨论，大家认为，在回答儿童提出的问题时，如果只是简单地把他们引向现代科学的自然秩序，那么很有可能会阻断他们继续探索的热情和动力。对儿童所提问题的恰当回应应当能够保持儿童对问题的持续的、鲜活的兴趣。一个机智的教育者在回答学生"小蝌蚪为什么先长出后腿"这一问题时，"启发他们通过养蝌蚪观察一下"或许是更为恰当的回应方式。

显然，复线型教案作为课堂观察的强大工具可成为以学习为中心的课例研究的有力支撑。使用它时，教师教学研讨的重心将不再是单一的"怎样教"的行为，学生的学习状况和教师对学生学习的应对将成为教学研讨的重点。课例研究重心的转移不仅可以丰富教师对儿童的认识，更可以提升教师的教学机智，而且随着教师专业知识的丰富和完善，教学改进亦可成为现实。正如日本教育学者佐藤学教授所作的形象比喻，好的教学就如接住学生"投过来的球"，即"接住"每个学生的发言，并能与那些倾心"投球"的学生的想法产生共振，而不是只注意自己教学的进度。

二、观察量表

为改变传统教研活动中教师仅凭印象和感觉开展教学研讨的局面，课例研究小组通常会根据观察目的事先编制合理的量表以用作课堂观察的记录工具，而后在研讨中会依据观察量表中的"数据"对课堂教学进行深入的分析，以提高课例研究的实证水平。观察量表在当前的课例研究中使用较为广泛。观课教师在确定课堂观察的观察点后，就可以结合自身的实践经验，独立或合作开发观察量表，而后进入课堂，在试用中不断加以修正，最终形成科学的观察工具。比如，观课教师期望了解班级中学生的合作讨论技能，他们可以设计如下的观察量表（表5-3），通过记录技能的频次了解小组成员对合作讨论技能的理解与运用状况，并据此对每个小组提出有针对性的建议。

需要说明的是，观察量表的使用要非常谨慎。首先，并不存在一个适用于所有人

表 5-3　合作讨论技能观察表(示例)

组名：　　　　　　　　　　　　　　　　　　　　　　　　　　　　　　时间：

技　　能	张一	林二	王三	李四	
角色任务					
热烈发言					
仔细倾听别人发言					
鼓励别人					

和所有课的观察量表，每一位教师所面临和所关心的教学问题都是具体的、不同的，因此他们依据对观察点的理解和对自身教学特点的认识所编制的观察量表也是具体的。当我们借鉴这些量表时必须依据自身的需要对其作出修正，一味照搬他人的观察量表，恐怕无法实现我们全部的观察意图。其次，在对观察量表的统计结果进行解释时，要对其所呈现的"数据"进行一种历史性的考察，明确这些数据产生的背景和条件，防止被表面的数字所迷惑，以致对课堂教学作出错误的观察结论。

三、座位表

座位表也是课例研究中课堂观察的重要工具。在听课前，观摩教学的教师可以向任课教师索要班级学生的座位表，以便在课堂观察中利用座位表记录班级中不同学生的学习情况。下面是一个班级的座位表：

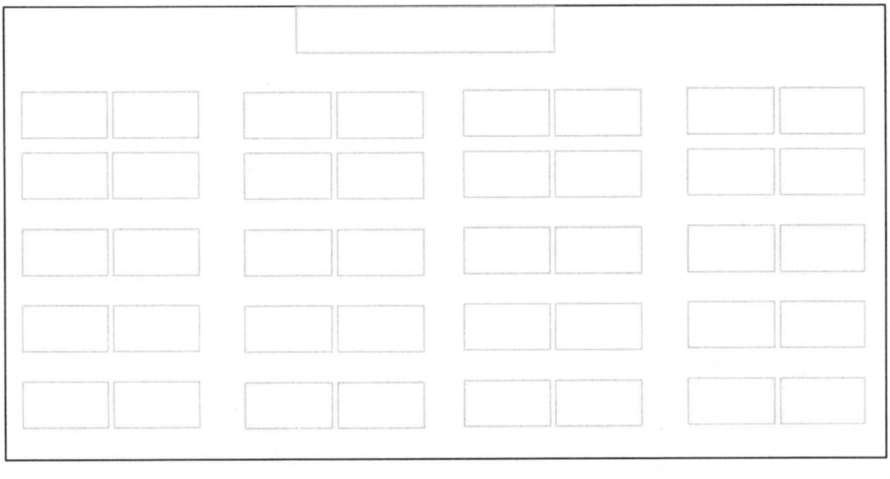

图 5-1　某班级座位表(示例)

为方便观课教师了解不同程度的学生的学习情况和困难所在,在座位表上可以用相应的符号对班级的学优生(如"★")和学困生(如"▲")进行标注。观课教师在进行抽样生观察时也可以根据这些标注选择恰当的观察对象。座位表在应用中有许多变式:有的教师在座位表上记录前一节课学生的反应或在作业本中表达的想法、观点等;有的则在座位表中预设学生可能采用的解题方法或对事物的观点,并标注持不同方法、观点的学生进行互动的方式;有时座位表会同复线型教案相结合,如中间放教案,两边放座位表,这样可以更为详细地呈现每一位学生的课堂反应及教师对其反应的应对。座位表不仅可反映学生个体的状况和学习课题,还可将整个班级学生之间在经验和认识上的联系、冲突以及互动学习的方式一目了然地展现在执教教师和观课教师的眼前,为课例研究中的群体反思提供具体而真实的素材。由于教师的研讨话语贴近教学的实况,教师的所思、所悟扎根实践,教学改进随之也就有了可能。

四、姓名牌

姓名牌原本是一种在讨论课上使用的工具,它在日本的课堂中被广泛应用。通常在讨论课上教师会呈现一种事物或现象,以此来引发学生各种观点的碰撞。讨论时,教师会在黑板上划出代表不同观点的区域,然后学生将自己的磁性姓名牌贴在某个区域内,以此来表明自己最初的立场,并出示自己选择这一立场的事实依据。在讨论过程中,学生可以随时移动姓名牌,以表明自己立场的改变,并说明理由。在课例研究中,执教老师或观课教师也可以利用姓名牌记录学生观点的变化和学习的过程。下面所呈现的是一个日本小学社会科的例子,从中我们可以发现姓名牌的妙用。

在这堂课上,学生们就"根岸湾的填海造地"产生了不同的看法。教师要求每位学生表明自己的观点和立场,于是第一次姓名牌位置图就形成了。值得注意的是,即使站在同一立场上的学生,姓名牌的位置也可能是不一样的。如图5-2所示:富山是强硬的赞成派,宇和岛则是坚决的反对派,而佐佐木等人则是中立派。随着研讨的深入,姓名牌的位置会发生富有个性化的移动。这种移动表明学生们的认识在发生动摇,而认识的动摇及深化反映了同学们的视野在不断扩展。同座位表一样,姓名牌的使用也为课例研究研讨学生的学习提供了事实材料的支撑。

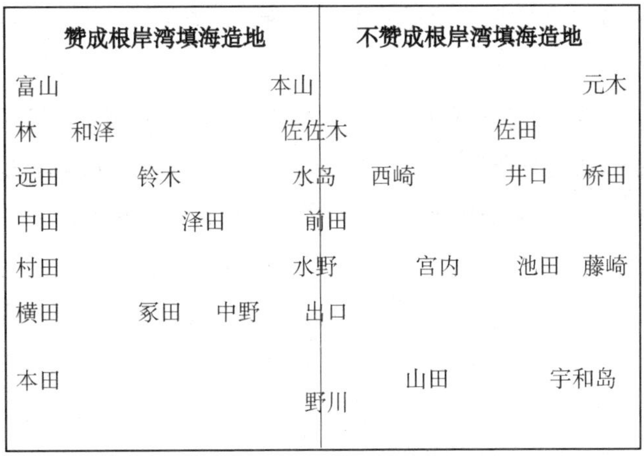

赞成根岸湾填海造地		不赞成根岸湾填海造地	
富山　　　　　　　本山			元木
林　和泽　　　　佐佐木		佐田	
远田　　铃木　　　水岛	西崎	井口　　桥田	
中田　　　泽田　　前田			
村田　　　　　　水野	宫内　　池田　藤崎		
横田　　冢田　中野　出口			
本田		山田　　　宇和岛	
野川			

图 5-2　"根岸湾的填海造地"讨论课姓名牌示例

五、观察者自身作为观察工具

上述所呈现的课堂观察工具都具有一定的结构,但是正如第四章所倡导的,在课例研究中还有一种没有预先设置的分类,只是用语言对观察到的事件和行为加以详细描述的记录方式。描述以观察者自身作为工具,通过观察者的语言记录、揭示所探究的现象。描述可以延缓对课堂教学的简单分类,使学生学习时的具体样子在教学研讨时重新浮现出来,从而为课例研究小组提供同情境对话的机会。描述虽然不能产生答案或解决办法,但是它能给予我们思考的空间。描述在本质上致力于对人性的洞察、理解和期待。下面是一位观察者对《黄山奇石》一课的教学片断所作的描述:

老师让学生在各种怪石中选择自己最喜欢的,并说明喜欢的原因。课堂开始活跃起来。有的孩子喜欢"猴子观海",因为平时喜欢孙悟空;有的孩子喜欢"神仙晒靴",因为喜欢晒太阳……教室里响起了零落的、令人心头愉悦的孩子的笑声。在谈到"金鸡叫天都"这块石头时,一位小男孩站起来。"有三点,"他一边解释,一边竖起三根手指说,"第一,我喜欢黄色;第二,我老家没有闹钟,要靠鸡来报时;还有就是——"说到这,他忍不住笑起来,边笑边说,"我也喜欢吃鸡肉。"零落的笑声连成了一小片。但老师显然对孩子们的回答有点不满,说:"大家刚才说为什么喜欢怪石时,很多都提到了吃的或玩的。我们之所以喜欢它们,更应该是因为课文把他们描写得美啊,对不对?所以——"教师指着刚才的小男孩接着说:"你应该说四点!"小男孩坐了下来,伸手在自己的额头重重拍了一下。

描述即倾听现象向我们所作的诉说,让课堂教学的真实场景在我们面前展现。描述能够启发我们去思考现象背后的意义。在上述这个片段中儿童因为从未见过真实的黄山奇石,所以只能从自身的经验、体验出发谈论喜欢的理由。虽然儿童表达了自我认识的多样性与真实性,但对教师而言,同文本的写作意图相比,学生的回答显然没有切中主题。为维护书本知识的权威性,教师最终把所谓正确的观点强加给儿童。在课后研讨时,教师们意识到这类现象在课堂中经常发生。面对制度化、权威化的课程知识,很多时候他们会想当然地贬抑儿童,把他们的个人话语视为浅薄之论,理直气壮地用自己的观念覆盖儿童的观念,并且笃信自己的观念才是儿童值得拥有的观念。大家讨论了这种做法的危害性,最终将其定性为一种对儿童观念的暴力行为,因为在这种粗暴的态度与冷漠的知识裹挟中,儿童心灵的丰富性、复杂性、独特性以及无限可能性无可避免地走向萎缩。透过对这一片段的描述和解读,我们可以发现描述性语言有助于保持课堂教学的整体性与复杂性,有助于我们从广泛地联系中探究教学情境的意义。因此,课堂观察工具的开发不能忽视描述这一方式,对课例研究而言,结构化的课堂观察与非结构化的课堂观察应相互补充,才能相得益彰。

第四节　课后研讨活动的开展

课后研讨是课例研究小组基于观察结果从不同的角度检视课堂教学的得失利弊,进而揭示教学可能的改进方向的过程。课后研讨水平的高低直接影响后续教学改进的质量。因此,在课后研讨过程中,课例研究小组的每一个成员都应该敞开心扉,彼此接纳,在一种民主与平等的氛围中展开对话,以充分阐发课堂教学的意义、问题及可能的境界。

一、课后研讨活动的组织方式
课后研讨活动的组织需要明确三方面的问题:准备场地、建立研讨的程序和礼仪,以及明确参与者的不同角色和职责。
(一) 准备场地
通常,在授课结束后、研讨活动之前,课例研究小组需要休息片刻(至少 10 分钟),

以确保所有观察者有时间整合他们的观察结果和思想。如果有可能，最好是在执教者上课的同一个教室中进行观察结果的整合以及随后的研讨，因为教室中的黑板、文本资料等还留存着上课的痕迹，此时所有人的记忆仍相当鲜活，在这里观察资料的整理以及研讨会的开展都将因此而方便、快捷。假如没有可能，则要准备一个能够容纳观察者和执教者等人的房间，并随身携带上课过程中所使用和产生的资料进入研讨会场。

（二）建立研讨的程序和礼仪

研讨会的开展需要遵循一定的程序和礼仪。一般而言，主持人可通过介绍团队成员和概述研讨的基本结构拉开正式研讨的序幕。随后，课后研讨沿下述话语程序展开：首先，在小组评论之前听取执教者的教学意图，理解其对教学的设想和做法。主持人有必要提醒教师使自己的讲解尽量简短，从而为随后的小组评论留出较多的时间。其次，依据观察结果展开小组评论，鼓励大家积极发言，在适当的时机允许执教者就他人的评论作出简短的回应。特别要指出的是，在研讨过程中应时刻注意提醒参与者认真倾听他人的观点。最后，如果在研讨一开始就安排了某个评论者作总结，还要注意至少留出 10 分钟的时间给予其作最后的评论。

（三）明确参与者的不同角色和职责

在角色分工上，研讨会的参与者通常包含下列人员：主持人、执教者、评论员和记录员等。主持人作为教学研讨的推进者，除了遵照研讨程序组织评论外，要注意确保所有参与者知道自己的职责，确保研讨活动聚焦主题，并注意控制时间，使所有期望评论的人都有时间发言。执教者的职责不再多言，除阐述教学意图外，还需要积极地与评论者进行互动。评论员主要由课堂教学的观摩者组成，观摩者不仅仅限于校内的同伴教师，有时也可以包含校外的专家教师。评论员首先要以自身的观察为基础，客观公正地汇报课堂观察的结果；其次要以探询的口吻展开教学评析，通过研讨在可能的范围内帮助执教者深化对教学的理解，明确课堂教学的改进路径。对记录员而言，除了记录所听取的研讨内容，还必须为课例研究报告的撰写提供一个有关研讨的概要，并确保把这份概要递交到负责撰写报告的人员手中。

二、课后研讨活动的基本原则

（一）关注对问题的研究而非对课的评价

课例研究总是基于某个主题的，自然课堂观察的重点也是基于研究主题而确立的，这使得基于观察结果的课后研讨活动必然以问题的研究和解决为宗旨，而不是用一套既定的标准(哪怕这套标准非常先进)去评价教学和检查教师的工作。与以往专注于对课上得好坏作出评价的传统教研相比,专注于问题解决的课后研讨一方面有助于执教者放下为避免被评头论足所采取的防御性姿态,坦率地投入对问题的研讨和探求,从而纠正原有的认识或行为偏差,产生新的教学理解;另一方面也有助于改善评论者在评论时因就课论课所导致的研讨泛化、缺乏针对性的局面,使问题的研讨与解决以观察记录为基础,有具体而明确的证据支撑。

(二)关注学生学习的事实而非教师教学的风格

对学生学习的普遍而深入的关切应贯穿课例研究的始终,并使之区别于其他类型的教学改进活动。由此在课例研究中,课后研讨的内容应着眼于课堂中儿童学习的事实展开,避免聚焦于课的成功与失败或教师的教学风格。一个教师"教得怎样"不能仅仅依靠其自身的风格加以考量,更应该从课堂上每个学生的学习实况出发加以考察,更何况教学研讨的目的从来都不是"教师要露一手"。只有以"学生的学习"作为教研的主旋律,用关于学生学习的信息修订课堂和改进教学实践,才能创造"以学习为中心"的教室,实现每个学生的差异都得到关注、每个学生都得到尊重的学习。相应地,教师的学习也才能通过和凭借课堂里学生学习的实现加以形成。

(三)关注执教者与观摩者的民主协商而非观摩者对执教者的单纯建言

课例研究作为一项教师专业发展活动,旨在建设教师研修的共同体,构筑教师相互学习的同僚性关系。为此,课后研讨应当是教师群体基于民主协商的反思性实践,而不能仅仅视其为观摩者对执教者的建言过程。假定观摩者针对某个教学情境中的执教者的"教法"建议另一种"教法",这种建议的意义何在呢?因为即使在某个特定的情境中,"正确的教法"也从来都不是唯一的。传统意义上,观摩者高谈阔论、执教者唯命是从的研讨情形反映的是一种单向的权力关系。按照佐藤学的说法:"只要这种权利关系不消弭,在校本教研中教师之间的相互学习是不可能的。"[①]基于此,研讨作为一个民主协商过程,对执教者而言就意味着不能只是缄默不语,被动地听取意见或礼貌地维持表面的言谈,而应敞开自己的内心,与观摩者积极互动,在互动中实现多种视界的沟通与融合。对观摩者而言,则意味着应将研讨看作自身学习的契机,留心和反思自己在课堂观摩后"学到了什么",致力于将研讨发展成为一种自我成长的内在机制。唯有实现了上述转型,课例研究才能真正成为教师合作学习的场所。

---

① 佐藤学.学校的挑战——创建学习共同体.钟启泉译.上海:华东师范大学出版社,2010:168.

三、课后研讨活动的进程安排

通常,课例研究小组的课后研讨活动遵循下列进程展开:汇总观察结果、执教者讲解教学意图、基于观察结果展开群体研讨、形成改进建议。

(一)汇总观察结果

深入的教学研讨与反思总是建立在充分的课堂信息基础之上的,而课堂观察者就承担着提供这种课堂信息的重任。在课例研究中,为收集到有关教学的多方面信息,观察者通常是有角色分工的。比如,日本学者把课堂观察者分为速记者、总体观察者、抽样生观察者和摄像者等。速记者要把课堂教学中的师生话语完整地记录下来;总体观察者负责观察课堂的整体氛围和学生的整体参与情况;抽样生观察者会选取特定的学生个体作为观察对象,以收集有关他们的课堂反应的信息;摄像者则需把整堂课录下来。在课后,这些承担不同观察任务的观察者必须对观察信息进行汇总以全面反映课堂教学的实况,进而为随后的课例分析与研讨提供充足的证据。有时,为提供全面而又准确的课堂教学信息,也可能由几位小组成员共同观察一个观察点,在此情况下,几位观察者更需要在课后相互确认各自所观察到的信息是否一致,以便在向执教者提供观察结果时作到客观统一。

比如在一堂物理课上,教师试图通过让学生利用西红柿、电压表、锌片和铜片制作一个水果电池引入"电动势"这一物理概念,课堂观察的主题是学生的实验操作状况,观察重点为实验成功与否、实验操作方式是否正确和教师对学生实验的反馈情况是否恰当。课后7个小组的7位观察者交流了各自的观察结果,其中有3位观察者报告说他们所在的小组实验没有成功,电压表的指针始终都没有动,但这3位教师都报告说学生的操作方式并没有什么差错。那么究竟是什么原因造成实验没有成功呢?经过一番交流,几位观察者意识到实验所用的水果的类型、大小、成熟度以及锌片上的锈迹等可能影响了实验的效果。于是,他们在随后的研讨中向执教者汇报了这一重要发现,从而启发执教者在下一轮的教学中对实验用品进行更为严格的挑选。可见,承担同一观察任务的不同观察者对观察结果的汇总有助于为执教者提供明确、真实和可靠的课堂教学信息。

(二)执教者讲解教学意图

执教者对教学意图的讲解并不能随意,通常通过讲解教学意图,执教者要向课后研讨的参与者传达三个层面的内容:首先,要诠释自己的构思,对教学设计的依据作充分的说明;其次,要说明实践中的调适,对教学中可能的、即时的变更作合理的解释;再次,要阐述实践后的反思,对教学的感受与体验作细致的阐发,评述教学的困难与乐趣所在。对何谓一堂好课,原本就没有一个统一的标准来进行准确的量化,只有给执教者充分的陈述空间,让课堂观察者与执教者在平等的协商中就课堂教学问题的解决达成一致,才能使其后的教学改进落到实处。执教者讲解教学意图从客观上为随后群体研讨时的"百家争鸣"创造了条件,有助于避免群体研讨时评课者的"话语霸权",同时对认识课堂教学现象的本质也是有益的。

比如在一堂主题为"季节的颜色"的英语课上,在讨论"夏天是什么颜色"时,学生们说出了不同种类的颜色,随着举手的学生越来越少,观察者认为这个问题的讨论也该告一段落了。但班中一个叫杰西卡的小女孩始终没有放下高举的小手。教师注意到了她,并很有耐心地让她发言。"我认为夏天是彩色的。"可没等她说完就有同学叫起来:"彩色不是一种颜色。"其他的学生也纷纷附和着,并用疑惑的目光看着她。教师也感到很好奇,随即说道:"不如让我们猜猜看为什么杰西卡眼中的夏天是彩色的。"于是,学生们做出了种种不同的推测,虽然众说纷纭,但是杰西卡始终微笑着在那儿摇头。最后她说:"在夏天我能看到七彩的彩虹,我喜欢漂亮的彩虹。"课后,观察者认为教师很好地把握了这一意外时刻的教育意义,顺着课堂的语脉吸引学生进入了一场真正的对话,师生在一种共享的氛围中获得了更多关于夏天的体验。但是在讲解教学意图时,教师表达了自己的困惑:在让杰西卡发言时,教师说自己是非常犹豫的,担心这个环节更多地发挥会打乱整节课的进度。事实上也的确如此,原先计划的教学内容并没有如期完成。在随后的研讨中,观察者不再只是单纯地赞扬这种方式,而是与教师分享了这一问题的复杂性:课堂中的一件事情可能产生多种结果。教师等几分钟让一位学生回答问题,可能提高学生的学习动机,但同时让班上其他学生的学习进度落后了一步,对另一位想回答问题的学生也可能会产生消极影响。最后大家得出结论:要听取学生的精彩观念,教师必须尊重教学生活的偶然性,保持心灵的开放,清楚地认识到课并不能按照计划一直进行下去。虽然有时候这样做会影响教学的进度,但诞生精彩观念的同学为整个课堂作出了理智的贡献,同时所有的同学也分享了同伴的精彩观念,因此教师的做法是值得肯定的。这样的研讨无疑使教师对教学的认识更加全面而深刻。

(三) 基于观察结果展开群体研讨

通过仔细分析群体研讨的话语结构,我们会发现一种为执教者和观察者双方所接受,并同时实现智慧分享与情感交融的研讨活动是沿着如下脉络展开的:首先是观察者向执教者汇报"我们观察到了什么",其次是询问执教者"观察结果反映出教学存在怎样的问题",再次是双方共同讨论"如何解决这样的问题",最后是观察者向执教者分享"我从这堂课中学到了什么"。

以一个英语课例研究小组的课后研讨为例,观察者通过座位表来记录学生的课堂参与情况,结果显示在一节课中班上的 39 名学生只有 16 名同学有过发言,而且无一例外是被动回答教师的提问。观察者在向执教者汇报这一观察结果后,执教者表示自己也有同感,班级学生的主动参与情况不理想。他还就"何以如此"表达了自己的观点:他认为学生参与不够积极,主要是因为班级中很大一部分学生的英语表达能力比较差。随后观察者与执教者开始协商如何解决这一问题。大家分享了一些解决方法,比如可以通过调整本节课的教学组织形式,让学生在同伴对话或小组合作中增加开口说话的机会,以改变他们不熟练如何表达的现状;再比如教师所创设的情境不能远离学生的经验,同时教学的内容要有层次和梯度,一开始要为学生的表达提供一定的言语支架,比如单词、句型、内容要点等等,这些支架能够帮助学生跨越表达能力的最近发展区而达到新的发展水平。最后,观察者向执教者分享了他们在这堂课上的收获。例如一个观察者指出,学生在表达中出现错误时,教师并没有为纠正这些错误而阻断他们,而是将学生的语法或发音等的错误写在黑板上,他认为这种做法有助于保护学生表达的勇气,对英语教学尤其重要,他表示说要在自己的课堂上也尝试这样做。当然,这一案例所展现的话语结构是极其明晰的,而在有的群体研讨中,观点的冲突在所难免。我们应记住,无论争论多么激烈,都不要忘记课后研讨的协商对话本质。

(四)形成改进建议

如果说基于观察结果的群体研讨大体揭示了教学改进的可能方向,那么接下来观察者和执教者还需要通过协商确定本节课的具体改进方案。通常,课例研究第一轮课后所修订的教学方案会在另外一个班级实施。有些教学改进的策略对不同的课堂都是适用的,可以在另外一个班级获得执行,但有些改进策略可能是个性化和富有针对性的,必须重新考虑其是否适用于另外一个班级。这使得观察者在群体研讨后需要继续思考自己的教育教学经验对另外一个班级的适切性,同时执教者也需要研究另外一个班级的基本情况,并据此对课堂教学的改进方案作出取舍。

比如一所学校的英语教研组一直将开展有效的合作学习作为课例研究的重心。在一次课堂教学中,观察者发现学生在开展合作学习时,有一个小组过于活跃,以致极大地限制了其他小组的课堂表达机会。课后研讨的重点于是聚焦于"怎样对待过于活跃的小组"。观察者与执教者对此提出了一系列改进方案,但在应用这些策略进行新的教学设计时,执教者产生了疑虑。因为根据他对另一平行班的了解,这个班级的学生在合作学习时存在的普遍问题不是某个小组过于活跃,而是个别学生经常占据话语权,以致小组内的其他成员只是被动服从。基于此,观察者与执教者又探讨了如何分散小组话语权、促进组内平等的方法,比如实行小组内的角色轮换等。由此可见课后研讨所提供的教学改进方向对教师是富有启发性的,但就接下来的新一轮教学实践而言,还要充分考虑其对具体班级的适切性和针对性。这也是为什么要把"形成改进建议"列于"基于观察结果展开群体研讨"之后,作为一个独立的主题加以讨论的原因。

需要强调的是,"形成改进建议"不应随课后研讨活动的结束而结束。课后研讨活动的开展有时并不能当场找到教学改进的有效策略,即使找到了也需要在实践中加以检验和不断修正。更何况教学改进永无止境,需要持续地进行研究,才可能不断诞生新的策略和方法。因此,教师需要持续地就某一主题深入探究。无论是观察者还是执教者在群体研讨后都应广泛地开展理论学习,吸取已有的教学经验,完善课堂教学改进的策略。另一方面也都应在自身的教学中积极尝试和应用改进策略,并不断反思和完善这些策略。以上述"分散话语权,促进组内平等"的课例研究为例,在研讨活动结束后教师通过广泛地查阅文献,找到了更多可供采用的策略以分散小组的话语权。其中一个重要的策略是使用美国学者斯宾塞·卡恩(Kagan, S.)所提出的"谈话筹码"[1],即学生们每谈话一次就交出一个筹码,当他们的筹码都用完了就不能再谈话了,但是可以问问题,直到所有组员的筹码都用完再从头开始。这种做法可以让用完筹码的学生向还有筹码的同学提问以促进他们发言。课例研究小组的部分教师随后在自己的教学中尝试了这种方法,并发现了一些使用过程中的注意事项。显然,事后研究是一个长期的过程,它需要教师保持持续探究的热情,而这一点是课例研究不断发展下去的源泉和不断迈向成功的标志。

第五节　课例研究报告的撰写

通常,课例研究报告的撰写不必苛求统一的模式,不过为展现课例研究的过程与

---

① Jacobs, G. M., Power, M. A. & Inn, L. W.. 合作学习的教师指南. 杨宁,卢杨译. 北京:中国轻工业出版社,2005:85.

成果,课例研究报告确实需要向读者交代相关要素,比如:所选择的研究主题是什么、教学方案是如何规划的、教学实践是怎样展开的、所取得的教学成果有哪些等。以下在探讨课例研究报告的撰写意义基础上,拟以这些基本要素作为建构课例研究报告的撰写框架,并结合具体案例阐述课例研究报告的撰写要求。

一、课例研究报告的撰写意义

为什么课例研究不能随课后研讨活动的结束而结束,其后,执教者还需要综合群体研讨与自我反思的意见撰写课例研究的报告呢? 这不单单是因为撰写课例研究报告对执教者而言是一个对自身教学加以系统反思的历程,有助于促进执教者的教学研究能力和教学实践能力的提升。还有一个重要的原因是,它有助于总结课例研究小组这一研究共同体所秉持的共同的专业信念和专业知识。换句话说,无论在个体维度上还是集体维度上,课例研究报告的撰写都有助于促进教师的专业发展。归属于教师个体的教学知识通过课例研究报告的撰写就可获得汇聚、公开和传播,无论是课例研究小组的成员还是其他教师通过阅读可将报告所呈现的教学知识融入自身的教学实践中,逐步发展出新的有价值的教学知识。课例研究就是在教师个体教学知识与群体教学知识的相互转化中展开校本教学知识的创造过程的。这种状况同时在一定程度上开创了学校文化建设的新局面,让学校真正转变为一个探究和创造知识的场所,而不再是一个仅仅复制和传递知识的地方。

二、课例研究报告的撰写框架

一个完整的课例研究报告往往由研究主题的选取、教学方案的规划、教学实践的开展、教学成果的检讨、附录等部分组成。

第一部分交代研究的主题。课例研究通常有明确的、期望解决的教学问题。因而在报告的第一部分需要交代课例研究所确定的研究主题。

第二部分展现所规划的教学方案。完整地把握一堂课的教学情况离不开对教师原有教学预设的了解,因此在课例研究报告中,描述原有教学方案的规划是极其重要的,它不仅是课堂教学的蓝本,同时也能为课堂教学的评议提供参考背景。

第三部分概述教学实践的展开过程。由于课例研究是一个系统的教学改进过程,因此一堂研究课在第一轮教学实践后会在平行班级中进行第二轮的教学改进,因此报告中这一部分的写作就是要反映每一轮教学实践的情况。不过课例研究并不建议对同一课例进行多次循环往复地改进,因为实践表明,从某一特定课例中获取的经验是有限的,一次又一次地对同一课例的教学进行修订将收效甚微,倒不如去研究一个全新的课例,这样对解决课例研究所指向的问题更加具有意义。

第四部分检讨教学的成效。课例研究最终指向于教学的改进,因此在报告中需要通过对教学成效的系统检讨反映教学改进的情况。同时,教学改进的状况也在一定程度上会体现出课例研究本身的成效。

第五部分呈现必要的附录。根据需要,课例研究报告在最后部分可呈现附录,以使读者更全面、细致地了解课例研究的整体过程与具体细节。

三、课例研究报告的撰写要求

(一) 第一部分的撰写要求

在报告的第一部分,撰写者需要交代两个方面的问题:第一,选择的课题。说明课例研究小组期望解决的教学课题是什么;第二,确定的教学内容。课例研究小组需要确定选择哪节课作为课例,需要阐述这节课的教学主题与所选择的研究课题的关系,明确通过对这节课的研究意图解决的具体问题有哪些。以上海市一所中学的语文课例研究小组为例,有感于传统的讲究"字字落实,句句疏通"的文言文教学模式对学生文言文学习兴趣的抹杀问题,该小组决定以"初中语文文言文教学策略的研究"为课题,以《卖油翁》这篇文言文为例开展课例研究。课例研究小组在报告中充分阐述了以《卖油翁》一文为例的原因,他们强调指出:

> 这一课文集趣味性、文学性和思想性于一体,在文言文教学中具有代表性,加之短小精悍,在一堂课的教学中能够展现文言文教学的多个侧面,便于尝试文言文教学的多种策略,因而以之为例对初中语文文言文教学的策略展开研究。

同时课例研究小组表示,通过对该课例的研究试图探讨文言文在字词教学、人物形象分析、哲理感悟等方面的具体教学策略。显然,上述基本信息的交代有助于读者把握报告的重点,使他们在阅读中有明确的预期。

(二) 第二部分的撰写要求

在"教学方案的规划"部分需要阐述三方面的问题:第一,学情分析的情况。更具体地说是让读者了解教师针对某一教学主题是如何开展课前测试的。正如在第二节

"教案的合作设计"中所提到的,学情分析要避免笼统,教师在规划教学方案时要力求针对某一教学主题甚至是某一堂课进行课前测试,收集有关学生对所学内容的理解情况的信息。学情分析是方案设计的基础,报告中对学情分析的展现有助于读者明晰方案设计的依据,同时也有助于他们从中借鉴研究学生学习情况的方法。第二,方案设计的情况。方案设计不是把教案照搬到研究报告中,而是重在阐明具体的教学流程,描述具体的教学方式,以便将课堂教学的实况与之进行比较,确定方案中需要改进的环节和做法。第三,课堂观察的重点与工具。这部分内容是课例研究在规划教学方案时所独有的,它意味着教学规划不仅是针对执教者而言的,同时也针对观察者进行规划,以便明确观察的重点和需要采用的工具。以上述提及的《卖油翁》一文的课例研究报告为例,执教者首先介绍了对学生进行课前测试的方式及结果。测试题目是对课文中的重点字词和句子分别进行注音、释义和翻译,结果表明学生对某些字词的音调、意义和词类活用现象等都还存在一定的偏差,纠正这些偏差就成为课堂教学的起点。其次,报告还完整呈现了教学的具体流程。《卖油翁》一课的教学具体分为如下五个教学环节:

① 字词检查。

教师通过 PPT 呈现《卖油翁》一文中的重点词语、一词多义现象和重点句子,并分别指定学生回答,以帮助学生巩固对重点词句的掌握,为之后的学习打好基础。

② 品读并圈划关键词句,分析人物形象。

教师通过提问,引导学生细读文本,边读边从中圈划出能反映陈尧咨心理变化的词语、反映卖油翁对陈尧咨射技的态度的词句以及能够体现卖油翁高超的酌油技术的词语。这一环节旨在引导学生通过品读并圈划的方法把握文中两个个性鲜明的人物形象。

③ 课本剧表演。

请两组同学根据课前以课文为蓝本改编的剧本表演课本剧《卖油翁》,然后请观摩的同学加以评论。这一环节旨在帮助学生深入理解课文内容。

④ 课堂总结,感悟哲理。

先请学生根据课堂所学和观摩课本剧后的体会,自主举例说说他们学习课文后所得到的启发,然后教师再根据学生的发言归纳并板书,点明本文要说明的一个道理——"业精于勤,熟能生巧"。

⑤ 拓展延伸,阅读课外文言文《猎虎翁》。

指导学生通过知识迁移的方法,调动课内所学文言知识和文言文的阅读技巧阅读课外文言文并完成相应的练习。

再次,报告也呈现了课堂观察的重点与工具。此次课例研究,由 6 名教师负责进行课堂观察,两两一组分别采用复线型教案观察表、座位表和描述抽样生的方法作为观察工具,重点考察教师在字词教学、人物形象分析、哲理感悟等方面所采用的教学方式和方法对学生学习的影响。

总之,"教学方案的规划"要突出重点,用概括性的语言交代上述三个方面的主要信息。切忌事无巨细,照抄照搬教案。阅读这一部分之后,读者将对课例研究和即将展开的课堂教学形成框架性认识。

(三) 第三部分的撰写要求

报告中这一部分的写作不是再现课堂教学的实录,而是应围绕教学的问题来展开,比如在该轮教学实践中出现了哪些问题,需要对教案作出的修改有哪些。在写作中要注意将问题与反映教学的真实材料交织在一起,让读者参与分析,有一种对问题的现场感。仍以《卖油翁》的教学为例,这一课例的教学共进行了两轮,每轮完成后均进行了研讨,并对教案作出适当修订。

(一)第一轮教学实践

经过第一轮课堂教学实践,课例研究小组发觉课堂教学时间明显不足,第四和第五两个环节没有付诸实施,第一个环节的教学浅尝辄止,也没有充分展开,所以教案必须力求精炼。另外,教师们发现部分环节的教学还需要作有效的调整。具体而言,需要对教学作以下修改:

1. 在第一个环节中,教师不能仅仅检查学生的掌握情况并在学生出错时予以纠正,还应该承担示例的职责,为学生示范科学的、有依有据的解词释意的方法。

2. 第二个环节在分析人物形象时花费了许多不必要的时间。教师一开始就提问"作者以什么为线索来刻画陈尧咨这一人物形象",这一抽象的问题让学生感到困惑,课堂里出现冷场,教师经过一番困难的步步提示,个别学生终于回答出是

"心理描写"。显然,由普遍性结论("陈尧咨的心理变化过程")推导出个别性结论(反映这一心理变化过程的词语)的"演绎法"并不是适合学生认识问题的方式,如果采用"归纳法",让学生先读课文,找出文中最能反映陈尧咨这一人物形象的词语,然后归纳出"作者是通过抓住陈尧咨的心理变化过程来刻画这一人物形象的"这一结论,或许学生更容易有的放矢地回答。

3. 在第三个环节课本剧表演中,学生在评议环节参与度很高,但仍存在不少不足之处。第一,两组学生的表演课前排练过,台词是学生事先准备好的,教师并不真正了解每位"演员"对于课文的理解程度,而且除了这两组之外,其他学生没有参与表演的机会。第二,本课是一篇文言文,但演员的舞台语言,无论台词还是旁白使用的都是现代汉语。学生未能学以致用,及时消化课堂所学。第三,在评议时教师让大家讨论"谁表演得好",这个问题显然不够恰当,多数学生以"是否幽默"、"是否有趣"作为评价标准,未能引导学生从语文的角度思考课本剧表演是否体现了人物的形象。基于此,对这一环节的设计需要作出重要调整:可以让学生当堂自由组合,以文言作为舞台语言,编演课本剧,这样既可以让所有的学生都参与其间,激发学生的学习兴趣,又可以缩短每组的表演时间,提高课堂效率。此外,在组织同学对表演进行评价时,应当有所引导,提供学生一定的评价标准,通过板书或多媒体强化评价标准,以减少学生评价时的随意性,达到提高学生口语能力(评价能力)的目的。

(二)第二轮教学实践

第二轮教学实践已有很明显的进步。上述三个环节的教学方式都有所改变,还省略了第五环节的教学,教学流程缩减为四个环节。不过整体而言,这一轮的课堂实践仍有时间不足之感。综合各位老师的课堂经验,课例研究小组认为,按照原先的教案设计,不省略第五环节,那么本研究课最好用 1 小时 15 分钟展开,这样师生双方可以有充分的时间完成这一教学任务。除此之外,教学也出现了新的有待改善的问题。在第四个环节感悟哲理时,由于时间关系,教师并未让学生自主阐发,而是步步引导,最后得出"业精于勤,熟能生巧"的道理。而在课后访谈中,当我们让学生讲一讲从这篇古文中获得的其他启发时,有些学生谈到了"谦受益,满招损"、"人外有人,天外有天"、"成功背后要下功夫"等启示,显然教师的做法遮蔽了学生对文本的多元解读,日后教学时可考虑充分展开这一环节。

上述文字反映了在教学实践的开展中教师在教学策略方面所做的改进。之所以要长篇大论地展示这个环节的写作，主要是因为这部分内容在一定程度上是整个课例研究报告的重点，撰写的过程是写作者对自己的教学进行再分析，寻求问题解决的心路历程。同时这部分内容能够唤起读者的思考，引发他们的共鸣，引导他们从中吸取经验和教训，因此在描述中要力求细致到位，切忌笼统模糊，同时要紧扣所研究的课题展开，避免不分轻重、支离散漫。

（四）第四部分的撰写要求

每一次课例研究都能够帮助我们去了解学生是如何学习的以及作为教师如何去帮助学生更有效地学习。为此，在检讨教学的成效时，我们可以分别从学生和教师两个方面去考察。从学生的角度检讨教学成效，一方面可以考察他们的课堂表现，根据观察记录说明他们在课堂上的参与程度和具体表现（神态、思想、观念、体验等的情况），特别是不同轮次的教学中学生表现的变化情况。另一方面也可以对学生实施教学后测，根据学生教学后测中的表现，以及与学生课前测试情况的比较，推断课堂是否有效地帮助学生掌握了学习内容。学生的课堂表现与教学后测的情况是判断教学改善的重要依据。从教师的角度检讨教学成效，主要是呈现教师从教学中所吸取的经验和教训。这些经验和教训是课例研究小组群体研讨与任课教师自我反思的成果。虽然在每一循环的教学实践后，课例研究小组均会即时对教学进行检讨，但为了保持对相关问题的一种警觉性和敏感性，在课例研究报告中有必要进一步提炼结论，总结出教学的核心经验，以便指导教师感知其他的教学情境。回到对《卖油翁》一文的教学研究，任课教师基于群体研讨与自我反思的结论，提炼出教学的四点收获。

第一，对文言文的教学而言，读懂教材的选文不是目的而是工具，学生在教师的指导下通过对选文的学习，养成阅读和使用工具的习惯，积累文言文常见字词的理解，更好地拓展阅读才是目的。因此文言文的字词教学并不必然是枯燥无味的，教师需要注重方法指导，为学生的学习提供多样化的支撑。

第二，在学生接触新的教学内容时，演绎法往往是不适用的，因为它并未考虑学生原有的认知水平和知识储备。当此之时，应用归纳逻辑更符合学生的探究心理。更深入地看，这告诫我们，教学的展开所依循的不应是一个个有待展现的结论，而应是学生对事物的认识方式。

第三，教学要尊重文体本身的特色，不同文体有其自身的教学要求。文言文的教学价值与现代文的教学价值自然是不同的,意识不到这两者之间的区别才会导致课本剧表演中的种种不足,因此不断提高人文方面的素养是语文教师专业发展的题中应有之义。

第四,语文教学应重视学生对文本的多元解读,这是学生观念创造的重要表现,也是语文的生命力所在。做不到这一点,不仅教学的魅力将大打折扣,学生的精神生命也会趋于萎缩。

上述四点结论实际上是教师在教学中所获得的实践性学识。这些学识作为理解其他教学情境的一种方式,有助于发展教师对这类事件和对象的警觉性和敏感性,从而在今后的教学中避免重蹈覆辙。这从一个侧面反映了课例研究所具有的启发性。虽然读者所际遇的教学现象与执教者所描述的情形并不完全相同,但不同现象所彰显的教学主题的要点可能是共同的,因此面对某个具体的课例研究报告,读者往往会有"心有戚戚焉"之感。

在"教学成果的检讨"部分,除了从教师和学生两个方面检讨教学的成效之外,写作者还可以对课例研究本身的开展加以反思。比如在研究的程序和操作方法方面可以做哪些改进,教师群体有哪些经验和收获等等。

(五) 第五部分的撰写要求

附录的具体内容可以是详细的教案、课堂观察时所采用的观察表的样式以及实地观察的记录等。附录是对课例研究报告前四部分内容所作的补充说明,最终是否呈现应视具体情况而定。

第六章 以学习为中心的课例研究模式

课例研究是教师专业发展与学校教学变革迈向成功的必由之路。对课堂教学观念传统、课堂教学形态陈旧的学校而言，要撬动教师的观念转变和行为更新，需要根本的价值观转变，而在课例研究的开展中确立"以学习为中心"的思路，聚焦学生学习的研究有助于重塑教师的观念与行为，实现课堂教学的转型。

第一节 以学习为中心的价值取向的确立

我国的课堂教学正在经历历史转型，"以学促教"是课堂教学战略转型的重要方向，亦是国际课堂教学发展的潮流所在。为改善传统的以教为中心的教研局面，提升学生学习在教育教学中的核心地位，在教学研究中开展以学习为中心的课例研究尤显必要和紧迫。

一、确立背景

1. "以学习为中心"是当代学校整体变革的基点

早在 19 世纪末 20 世纪初，在批判传统教育的声浪中，杜威及其所创立的芝加哥大学附属实验学校就开始了"学习共同体"的学校设计。随后在诸多革新主义的教育改革中这一设计得到传承，并于今日被描述为 21 世纪新型学校的建设愿景。这一愿景是为学校再生为如下场所而设计的①：亦即儿童合作学习的场所；教师作为专家相

---

① ［日］佐藤学. 教师的挑战：宁静的课堂革命［M］. 钟启泉、陈静静译. 上海：华东师范大学出版社，2012：138.

互学习的场所;家长与市民参与学校教育并相互学习的场所。以学习为中心的课例研究是作为实现上述愿景的核心举措而存在的。借助这一举措,不仅教师合作研究的"同僚性"得以构筑,而且教学研究围绕学生的学习得以展开。可以说,以学习为中心的课例研究是对当代学校改革哲学的践行,倘若以之作为学校运营的中心,"学习共同体"的改革愿景便不再遥远。

2. "以学习为中心"的价值诉求是国际课例研究的发展趋势

美国著名的课例研究学者莱维斯与其合作者强调,课例研究至关重要的是从学生的对话、行动以及作品中收集学生学习的证据,发展教师"看待儿童的眼光"(the Eyes to See Students)"[1]。东京大学的佐藤学教授作为日本课例研究的卓越推广者在《学校的挑战:创建学习共同体》一书中反复强调,课例研究中课后研讨的中心问题不是上课的优劣、提问的技巧和教材的钻研,而应紧紧围绕"学生在何处是顺利的、何处有障碍"展开。[2] 另一位具有国际影响力的日本学者场正美在题为《日本的课例研究与参与式观察法》(*Lesson Study and Participant Observation Approach in Japan*)的报告中明确提出,相对于教学内容和教师行为的研究,日本课例研究更注重对学生学习的研究,因为教师教得怎样只能从学生的学习实况出发加以考察。[3] "以学习为中心"已成为各国课例研究者的共识,事实上这也是课例研究的精髓所在。

3. "以学习为中心"是我国教学研究和教学改革实现重心转移的迫切需求

自上世纪 50 年代教研体制确立以来,我国以教研组为主体的教研活动至今已存续半个多世纪。由于我国过往教学改革的重心所强调的是教师教学方法的改变,而教学方法的改变有时又被狭义地理解为教师教学技能和教学技巧的改变,在某些情况下甚至退缩为教师调动学生、驾驭课堂的能力。中小学的教研活动由此形成单看"教师的教"而不顾"学生的学"的局面。例如,教学成功的基础往往被归结为教师熟练的教学技能和高超的教学艺术,而遗忘了教学的最终目的是指向于学生的学习与发展的。教学是否成功或教师"教得怎样"只能从课堂上每个学生的学习实况出发加以考察。

① Lewis, C. C., Takahashi, A., Murata, A. & King, E.. Developing "The Eyes to See Students": Data Collection During Lesson Study. http://www.lessonresearch.net/NCTMa2003.pdf, 2012 - 10 - 1.

② [日]佐藤学. 学校的挑战:创建学习共同体[M]. 钟启泉译. 上海:华东师范大学出版社,2010:绪论。

③ Matoba, M. Lesson Study and Participant Observation Approach in Japan [R]. 上海:华东师范大学,2008 - 11 - 21.

近些年来,我国中小学的教学研究与课堂改革借助课例研究的模式取得了一定的进展,比如,课例研究中的证据意识一定程度上超越了传统的囿于经验主义的教学研究。但由于过去60年我国以"教"为中心的教研思想根深蒂固,教学研究由"教"到"学"的重心转移并未实现,以致对课的研究貌似科学,实则缺乏灵魂。由此课例研究期望由"教的课堂"向"学的课堂"转型的理想亦无从实现。基于此,探索"以学习为中心的课例研究",实现教学研究与教学改革的重心转移已是大势所趋。

二、"以学习为中心"的内涵

就学生的学习而言,不是学生孤立的认知学习,而是以交往与对话为特征的活动。更具体地说,"'学习'就是跟客观世界的交往与对话,跟他人的交往与对话,跟自身的交往与对话。就是说,'学习'是建构客观世界意义的认知性、文化性实践,建构人际关系的社会性、政治性实践,实现自我修养的伦理性、存在性实践。"①据此,课例研究对学生学习的考察要从单一的学术学习迈向上述"学习的三位一体论"。伴随着对课堂学习的重新认知,教师的责任就不再是"上好课",而是实现每一个儿童的学习权,提供学生挑战高水准学习的机会。从另一方面看,"以学习为中心的课例研究"不仅试图努力保障学生学习权的实现,在隐含的意义上,同时确立起教师作为学习者的事实。教师的学习体现于他作为学生学习的研究者将课堂教学与儿童研究合二为一的专业实践之中。而这恰恰触及了教师专业素养的核心。教师之为教师就在于其了解儿童,并在多样化的专业实践中嵌入对儿童的理解。

第二节　以学习为中心的课例研究的实质

由上述"以学习为中心"的内涵出发,课例研究就不仅聚焦于对学生学习的研究,其展开过程亦是教师学习的过程。因而在某种程度上,以学习为中心的课例研究能帮助教师实现教学与研究的一体化,而且是课堂教学与儿童研究的一体化。如果我们用本土概念"学情分析"代替教学中的"儿童研究",那么以学习为中心的课例研究的实质就是学情分析与教学过程的整合。

---

① [日]佐藤学. 学的快乐——走向对话[M]. 钟启泉译. 北京:教育科学出版社,2004:20.

一、学情分析与教学过程整合的内涵

在以学习为中心的课例研究中,教学的设计、实施与改进是由学情而不是预定的教学内容所引导和推动的。如图6-1所示:学情分析渗透于教学全过程,所分析的学习起点、学习状态、学习结果三个基本单位构成了一个基本的学情分析连续体。[①] 表面上看,课前、课中和课后的学情分析各有指向,但正如图中虚线所示意的,这三个阶段的划分只具有相对的独立性,实际上是相互关联的。要确定学生的"学习起点",不仅需要考察以往课后分析所得到的学生学习结果,而且需要回顾以往教师在课堂上所观察到的学生学习状态。而学生的"学习状态"既是落实课前学情分析的结果,又是课后学情分析的维度之一。最后,对"学习结果"的分析又成为新一轮教学课前学情分析确定学生学习起点的重要参考。学情分析即是在这样的循环往复中实现与教学过程的整合的。其整合的实质就在于使研究贯穿教学的始终,实现教学与研究的一体化。

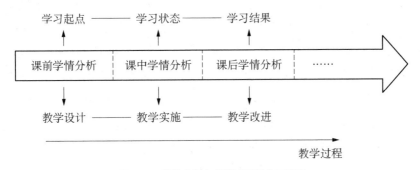

图6-1　学情分析与教学过程整合示意图

考察图6-1可见,教学过程同时也是教师对学生的学情不断加以判断和进行反馈的过程。这一过程是否有效,与教师对学情的判断是否科学以及反馈是否适当密切相关。然而,学生的情况极为复杂,课前、课中和课后究竟该采取哪些科学的方法与技术开展学情分析呢?事实上,在教学实践中,教师能够采用的学情分析的方法是极其多样的。比如:让学生预习、测验、访谈学生、课上让学生质疑、点评、做小结、倾听学生讨论、巡视学生练习的过程、在答疑中发现问题、作业批阅等等。在这些方式方法

---

① 陈隆升. 从"学"的视角重构语文课堂——基于语文教师"学情分析"的个案研究[J]. 课程·教材·教法, 2012(4): 42—48.

中,有些方法对学情的了解是随机的,有些则需要系统的设计。基于对学情分析的国际经验的考察,我们在此对课前、课中和课后三个阶段的学情分析方法作简要探讨。

1. 课前学情分析

课前学情分析聚焦于学生的学习起点,涉及学生已有的知识基础、学习方式、智能偏好和兴趣领域等信息。通过对这些信息的考察,课前学情分析能够为教学设计提供依据,确保教学目标和教学内容的有效性。课前学情分析通常采用测验、访谈、问卷调查等方法。这类方法看似简单,但要真正揭示学生的学习困难,暴露学生的相异构想,则需要系统设计和规范实施。以测验为例,究竟要测验些什么,测验的内容是否具有诊断性,测验时要注意什么,诸如此类的问题是恰当运用测验法的关键。这里以香港"课堂学习研究"为例来说明,它为诊断学生的学习困难采取了基于变易学习理论的测试法。该方法把学情分析与具体的教学内容相联系,引导教师通过前测了解学生在学习上出现困难的关键属性,鉴别学生在理解上有什么差异,然后运用适当的变易图式设计学习经验来帮助学生聚焦于关键属性,从而学会需要掌握的学科内容。该方法通常运用先导测试(Pilot Test)、前测(Pretest)、学生访谈(Student Interviews)等手段寻找学生学习的难点。先导测试按照分层抽样的原则一般在两组学生中进行,每组 6 或 9 位(兼顾高、中、低三个学习层次),其中一组是已学过某个内容的高一年级的学生,以了解其对某项内容的掌握程度;另一组学生是还没有学过的,以了解学生对这项内容的初步理解情况。另一方面,先导测试亦可以检验已经设计好的试卷题目的效度。如果有需要,可以就学生对先导测试的表现进行访谈。先导测试后会对测试数据进行分析,分析的重点如下:测试题目的指示语是否清晰明白? 如果不够清晰,我们应该如何修正;这些测试题目是否与学习内容相对应;这些测试题目是否能够检视出学生的已有知识、学习困难(假定的)和知识迁移领域;为了设计前测题目,我们应该如何修改先导测试。① 先导测试卷经过修订后,便可称为前测题目。前测通常对全体学生进行测试,但为避免先导测试对学生产生的练习效应,前测对象不包括参加先导测试的学生。前测结束后会收集学生的测试答案并进行编码,通过对编码的数据进行分析,找出学生关于特定主题的已有知识、困难所在以及迁移能力如何,从而为随后的课堂教学设计提供建议和思路。由香港"课堂学习研究"的经验可知,测验法有助于我们在

---

① 李树英、高宝玉.课堂学研究实践手册[M].合肥:安徽教育出版社,2011:55.

确定教学目标和内容时,超越原先单纯依据学科逻辑体系判断教学重难点的做法,真正做到从学生的学习实态出发增强教学设计的针对性和个性化。

2. 课中学情分析

课中学情分析聚焦于学生课上的学习状态,对这一阶段的学情考察需要收集学生学习的证据和学生对"教"的反应数据。课中学情分析重塑了教学有效性的评价依据,那就是教学的有效性取决于"学"的有效性。考察课中学情的角度很多,从学情信息提供者的角度看,既有课堂观察者所提供的学情信息,又有执教者和学生自身提供的学情信息。具体的方法与技术亦无法尽数。史密斯(Smith, N.)总结了课中评价的一个工具表单,如表6-1①所示:在日常教学中,课中评价与教学实施缠绕在一起,甚至某些数据收集方法即是教学过程本身。如果说课前的学情分析是"为了学习的评价"(Assessment for Learning),课中的学情分析则是对"评价即学习"(Assessment as Learning)理念的具体体现,它最集中地展现了教学与评价一体化的现实形态。

表6-1 课中评价的工具表单

学生作为数据提供者	教师的数据收集方法
1. 日志	1. 轶事记录
2. 简答测验	2. 观察清单
3. 开放型测验	3. 技能检核表
4. 家庭学习记录	4. 课堂讨论
5. 笔记本	5. 小组互动
6. 口头回答	6. 师生讨论
7. 档案袋记录	7. 测评点
8. 作品展示	8. 达标卡
9. 最佳作品	9. 问题提出
10. 问题记录	10. 表现性任务和评估准则
11. 问题解决	

课中学情分析使教学成为一个在评价引领下不断创生的过程。这一过程摆脱了既有路线的规束,不再按照教师预定的路数推进,而是以学生的学习实态引导教师教的方式,它能促进教学作为一种智慧性实践将每一情境潜在的教育意义现实化。从更

---

① Smith, N. Role of Assessment in a Differentiated Classroom [EB/OL]. http://daretodifferentiate. wikispaces. com/file/view/RoleofAssessmentinaDifferentiatedClassroom_Handout. pdf,2012 - 10 - 20.

深层的意义上讲,课中学情分析与教学过程的整合是由传统的"教的课堂"转型为"学的课堂"的必要途径。

3. 课后学情分析

课后学情分析指向于对学生学习结果的考察,旨在为判断"学生最终学到了什么"提供信息。课后学情分析为教师的教学反思与改进提供了依据。通过分析"学生最终学到了什么",教师进一步对教学设计的适切性和教学实施的有效性进行检讨,最终在修正原有教学方式的基础上作出新的教学决策。基于学情分析连续体的事实,课后学情分析同时是新一轮教学课前学情分析的有机组成部分,因此这两个阶段所采用的学情分析方法有共通之处。课后学情分析的方法主要包括后测、学生访谈及作业分析等。出于前后对照的目的,课后学情分析方法的具体操作与课前学情分析要有所照应。以香港"课堂学习研究"所采用的测验法为例,后测的试题和前测试题在大部分情况下是相同的。但是,有些前测和后测的试题可能会有些调整。作出调整的时候,应该记住前测和后测中同一类型的题目总的测试方向应该保持不变。① 在对后测进行分析时,首先要做的也是编码,而且编码方式与前测一致,然后计算学生的答案中分别属于各类编码的人数,并制成统计表以直观反映学生的学习成效。除了后测外,课后实施的学生访谈与课前的学生访谈也应进行对照分析。比如访谈的对象保持不变,访谈主要围绕学习内容展开,也可以重问一些课前访谈中问到的一些问题,以对比课前和课后学生认识的变化等等。需要强调的是,课后学情分析不能仅仅局限于收集反映学生学习结果的信息,更重要的是对信息作出解释与评论。

综上所述,学情分析与教学过程的整合运作体现出如下基本特征:第一,由经验性的判断转向实证性的分析。在接受整合理念的教学中,学情分析的证据意识受到强调,而且证据来源并不单一,多判据互证成为可能,以往仅凭经验臆断学情的状况被大大超越。第二,由静态的分析转向动态的跟踪。课前、课中和课后的学情分析连续体使学情分析与教学情境相辅相生,学情分析不再仅仅是课前对学生基础的静态把握,而是对整个教学过程中学生所表现出的各种状态的捕捉。第三,由一次性的分析转向持续性的跟进。每一次的学情分析都不是孤立的,学情分析的连续体表明课后的学情分析无不是下一次课前学情分析的基础,而课前学情分析则又是上一次课后学情分析

---

① 李树英,高宝玉.课堂学研究实践手册[M].合肥:安徽教育出版社,2011:84.

的延续,因此学情分析是一个循环往复的持续过程。

二、学情分析与教学过程整合的意义

学情分析与教学过程的整合所实现的不仅仅是研究与教学的一体化,在某种意义上它是一种教学、研究、评价,乃至教师专业发展四位一体的独特方法论。就教学与研究而言,教师的教学过程即是对学生展开研究的过程,教学研究就不再是教学前或教学后才进行的事务,而成为贯穿教学过程始终的活动。从"教学不再被视为研究的对象,而视为与研究是同一件事"的事实出发,学情分析与教学过程的整合实现了教学与研究的一体化。就研究与评价而言,学情分析与教学过程的整合建构了"评价即研究""评价即改进"的理念,评价一堂课就是去研究一堂课,去改进一堂课。基于此,教学评价就不再是拿着一套既有的外部标准(哪怕这套标准非常先进)去检核教师的工作,而是由教师基于学生学习的事实展开旨在发展自我主体性、实现自我完善的"自我接受评价"[1],教学评价由此回到内部,与教师的教学研究和教学改进融为一体。就教师专业发展而言,学情分析与教学过程的整合在一定意义上触及了教师专业素养的核心。教师之为教师就在于其了解儿童并与之建立起一种教育性关系。倘若不了解儿童,教师的教就无法引起学生的学,那么教也便无法通过学呈现自身。因此认识和理解儿童是教师专业素养的核心。学情分析与教学过程的整合将教师教学和研究的关注点从"教材的教法"转向"教材的学习的教法",促使教师将自身的发展植根于儿童的发展之中,在多样化的专业实践中嵌入对儿童的理解,从而重塑自身作为儿童研究者的专业形象。

第三节　以学习为中心的课例研究模式的主张

过去十年,在与中小学教师合作开展课例研究的过程中,我们探索建构以学习为中心的课例研究模式的努力也取得了进展。该模式旨在推动教师和教研员内化"以学习为中心"的教育理念,并使之渗透于教育变革的多个层面,充分发挥价值引领和实践导向的作用。

---

① 李雁冰.课程评价论[M].上海:上海教育出版社,2002:309.

一、理论主张

1. 课堂由教为中心转向以学促教,教学研究的重心相应地也应由基于教师行为的教学改进研究转向基于学生学习的教学改进研究

顺应课堂教学的变革诉求与国际趋势,课堂教学无论是在教育观念上还是在教学结构上,都应朝着以学习为中心这一核心内容发生转型,也就是"以学促教"。教学研究作为教学变革的支持体系,相应地也应关注学生的学习,特别是在对教材教法的研究中嵌入对学生学习的认识,使校本教研的主旋律实现向"基于学生学习的教学改进"转变。

2. 教师即学生学习的研究者,教师专业素养的核心是在教学中嵌入对学生学习的理解

教师不同于学科专家。学科专家以学科的发现与创造为职业,教师则以发现学科对学生的意义、进而创造学生的学科为使命。因此,教师对学科的研究要嵌入对学生学习的理解。教师即学生学习的研究者,教师之为教师就在于其了解学生的学习,并以自身所掌握的有关学生学习的知识作为其教学实践的基础。

3. 教学的基础即学生学习研究,以学习为中心的课例研究是对课堂教学与学生学习研究一体化的践行

倘若以学生的学习为中心组织教学,教师必然要践行"基于学生学习起点的教学设计、基于学生学习状态的教学实施以及基于学生学习结果的教学改进"这一过程。显然贯穿这一过程始终的是教师对学生学习的关注与考察,因而教学过程与教师的学生学习研究相伴相生,是融为一体的。以学习为中心的课例研究围绕学生的学习展开对具体课例的研究,因而是对课堂教学与学生学习研究一体化的践行。

二、操作环节

课例研究一般要经历"确立研究主题""规划教学设计""实施课堂观察""开展课后研讨""形成研究报告"等核心环节。要凸现"以学习为中心"的精髓,就需要将这一特征渗透于上述核心环节。

1. 确立研究主题——教学合一

在"确立研究主题"环节,教师不仅要考察教学中的实践难题,更要思考这些难题在何种意义上与学生的学习相关,这是以学习为中心的课例研究的起点。教学要素纷繁复杂,教师在课堂教学中面临各式各样的问题,有的问题会与学生直接相关,比如学生与自我、同伴、教师、教材和环境等的互动。需要注意的是与"教学法"有关的主题，由于过往教学研究的传统专注于探讨"教材的教法"，往往忽视教材教法与学生实际的联系，一定程度上导致"无儿童的教学"蔓延。比如就其中的"理解学科内容"而言，直到今天仍有教师专注于以"问题链"的方式分解学科内容，然后由浅入深地加以讲授。这种做法可以说仅仅考虑了"教师教"的问题，而没有考虑"学生学"的问题。因为很明显，学生对学科内容的理解有着不同的起点和相异构想，教师很难按照严格的逻辑把其理解"链"起来，只能是根据不同的起点设计相应的学习任务，然后让学生在合作与交流中加以解决。因此，重要的不是从学科逻辑的角度理解学科内容，而是在学科理解中嵌入对儿童的认识。这正是对所谓的"教材的学习的教法"的追求。教学是一种关系性的存在。从教学的关系认识论出发，以学为中心的课例研究要超越教与学的二元论，在确立主题时反映"教学合一"的教学认识关系的本质。

2. 规划教学活动——因学设教

在"规划教学活动"环节，教师首先需要开展学情分析。学情分析是课前科学预设的前提，更是课堂精彩生成的保证。当前，教师在教学设计中对学情分析虽多有涉及，但大多仅凭主观臆断估测学情，缺乏与具体教学内容的匹配，更缺乏对学生个体差异的考察，很难真正促进教学的有效实施。要解决这一难题，教师需要掌握学情分析的方法和技术。基于对学情分析的国际经验的考察，以学习为中心的课例研究模式倡导教师践行三种需要系统设计的学情分析方法。一是香港"课堂学习研究"为诊断学生的学习困难所采取的基于变易学习理论的测试法①。该种方法把学情分析与具体的教学内容相联系，重视引导教师通过前测了解学生在学习上出现困难的关键属性，鉴别学生在理解上有什么差异，然后运用适当的变易图式，设计学习经验来帮助学生聚焦于关键属性，从而学会需要掌握的学科内容。二是认知访谈法。该种方法是由皮亚杰开创，其学生哈佛大学的达克沃斯教授加以完善的一种临床访谈法。具体指的是一个或几个教师，在一群学生中，通过创设情境而让每一个人发现自己的问题，在持续的探讨中，遵循并发展自己的观念②。三是日常观察法。该方法吸收了美国学者赫姆莉和卡列尼关于开展"儿童描述性评论"的内容及程序，使教师对学生的日常观察有了切实的工具予以支撑。"儿童描述性评论"是通过对儿童及儿童作品的持续观察、描述、

---

① 李树英,高宝玉.课堂学研究实践手册[M].合肥:安徽教育出版社,2011:53—54.

② [美]爱莉诺·达科沃斯.精彩观念的诞生——达科沃斯教学论文集[M].张华等译.北京:高等教育出版社,2005:译者前言.

评论,找出每一个儿童作为人、学习者和思考者的优势所在并使之具体化。赫姆莉和卡列尼建议教师对学生的日常观察以下列五个方面作为重点[①]：身体外表和姿势；气质和性情；与其他人(孩子和成人)的关系；强烈的兴趣和爱好；思维和学习模式。

其次,教师还需要转变教学设计的重点。更明确地说,是要突破传统意义上只关注教师如何去教的局面,改变过往将教师的教学行为作为教案设计重点,甚至是唯一内容的做法,增加对学生主体活动的设计。如第五章第二节所呈现的复线型教案设计。复线型教案把学生的反应及教师对学生反应的应对列入教学设计,一定程度上支持了以学习为中心的课例研究。不过,如果试图更彻底地改变教学的重心,可能需要首先基于学情分析的结果设计学生的学习活动,然后考虑教师的应对。并且教师的应对方式一定是多样化的,即是说,课堂教学的展开路线应有多条,到底沿哪条路线展开,则视学生学习活动的情况和具体的教学情境而定。

3. 实施课堂观察——以学观教

在"实施课堂观察"环节,课例研究期望教师将学生的学习活动作为观察的焦点。当然,这并不意味着教师的教不重要,而是期望透过"学生的学"反观"教师的教"。所以以学习为中心的课堂观察并不是说在观察的维度上只要涉及学生的学习活动就可以了,更重要的是对教师教学状况的考察亦通过学生的学习表现加以透视。要实现上述诉求,课堂观察的对象首先要从教师身上转到学生身上,在课堂中针对学生集体学习、小组学习和个体学习的情况进行观察。其次要开发相应的用于记录学生学习情况的观察工具。以我们所开展的一次课例研究为例,对学生集体学习情况的考察是借助"学生参与度观察表"进行的。该表以学生的座位表为工具,当学生回答问题时,由观察者在学生相应的座位位置上记录两类信息：一是回答问题序号,二是回答问题是主动回答还是被动回答(分别用英文字母 A 和 P 表示。同一问题可有多次回答,作多次记录)。例如 3P,表示第三次回答某问题且是被动回答。如是齐答,则在右侧以"正"字记录次数。通过这张表格,全班学生的课堂参与情况一目了然。学生小组学习的情况则借助两种观察工具进行：一种是结构化的工具"小组成员话语权分配观察表",内容涉及学生在小组中的角色任务、发言情况、倾听别人发言情况和鼓励别人情况,要求用"正"字记录其次数；另一种是非结构化的工具,即由观察者对小组合作学习的情况

---

① [美]马格丽特·赫姆莉,帕特丽夏·F·卡列尼. 从另一个视角看：儿童的力量和学校标准——"展望中心"之儿童叙事评论[M]. 仲建维译. 北京：高等教育出版社,2005：13—14.

进行质性描述，以获得学生认知学习以及与同伴和教师交往的完整信息。对学生个体学习情况的考察是通过对抽样生的观察实现的。可在班级中选择不同学习层次的学生作为抽样生，随后从语言、行为、表情等方面对其详加描述。事实上，经由上述途径所收集的反映学生集体学习、小组学习和个体学习状况的证据是相互印证的。除上述所述及的观察工具外，"以学习为中心"的课堂观察尚待其他观察工具的支撑，我们一方面可以借鉴国际优秀经验，比如日本教师在课例研究中常用的座位表、姓名牌等观察工具①，另一方面也可在本土实践中积极探索，创造出更多有效的课堂观察工具。

4. 开展课后研讨——以学论教

在"开展课后研讨"环节，研讨群体除了关注对问题的研究而非对课的评价，关注执教者与观摩者的民主协商而非观摩者对执教者的单纯建言外，为凸现"以学习为中心"的立场，还需要遵循"关注学生学习的事实而非教师教学的风格"的基本原则，使研讨着眼于课堂中儿童学习的事实来展开，最终用关于学生学习的信息修订教学实践。这样做不仅有助于实现每个学生的差异都得到关注、每个学生都得到尊重的学习，而且教师的学习也能通过和凭借课堂里学生学习的实现加以形成。为打破过往课后研讨中观摩者常用的"优点加缺点"的点评式研讨模式，参照第五章第四节所阐述的课后研讨的话语结构，以学习为中心的课例研究在课后研讨时力求体现"以学论教"的主旨：首先是观察者向执教者汇报"基于研究主题我们观察到了什么（学生的课堂表现、课后访谈内容、学生作品分析等）"，其次是询问执教者"观察结果反映出学生的学习存在怎样的问题"，再次是双方共同讨论"我们如何帮助学生解决这样的问题"，最后是观察者与执教者分享"上述学生的表现与我对他们的原有认知存在怎样的距离"。这样的反思有助于发展教师的学生知识，重建教师的教学观念，持续改进教师的教学行为。

5. 形成研究报告——依学改教

在"形成研究报告"环节，教师需要依据学生学习的事实对自身的教学进行反思，提出相应的改进建议。通常，循着课例研究的开展历程，课例研究报告需要交代研究主题的选取、教学方案的规划、教学实践的开展、教学成果的检讨、附录等信息②。但为凸现"依学改教"的要求，也可以把"研究主题的选取"和"教学方案的规划"两部分合并，作为课例研究的背景信息简要地加以呈现。然后重点呈现"教学实践的开展"和

---

① 安桂清,沈晓敏. 课堂观察工具的开发[J]. 人民教育,2010(23)：46—48.
② 安桂清,徐晶. 课例研究报告的撰写[J]. 人民教育,2011(2)：43—46.

"教学成果的检讨"两部分,同时将这两部分的逻辑层次进行再构,分解为三个方面:首先是"观察结果",即对学生学习的情况加以描述;其次是"问题概括",依照观察的结果,总结学生学习存在的问题;再次是"改进建议",针对学生学习中的问题提出相应的改进建议。由于课例研究是一个系统的教学改进过程,一堂研究课在第一轮教学实践后会在平行班级中进行第二轮乃至第三轮的教学改进,因此报告中这三方面的写作需要反应每一轮教学实践的情况。不仅是表达方式上的"依学改教",实质上,从教师写作的角度讲,因为写作即是行动,即是写作者的求知方式,在撰写课例研究报告时,教师应不断地对研究过程进行回溯,在资料和理论之间展开对话,最终建构新的教学理解及其现实。

三、应用范围

以学习为中心的课例研究模式最初作为教师校本研修的方式,为教师提供了研究学生学习的多元方法,并通过方法的运用为教师发现、理解课堂中学生的学习状态提供了全方位、多视角的实证信息,不仅推动了教师日常教学的改进,更通过改进教师的学习观和学生观发展了教师核心的专业素养。可以说,课例研究在推动课堂教学和校本研修转型中发挥了应有的作用。

更值得提及的是,该模式还作为师训课程开发的行动框架成为区域教师研修机构成员与中小学教师合作开发区域教师研修课程的重要形式。长期以来,区域教师培训课程体系面临两大问题:一是不同专业发展阶段的教师,其专业发展需求存在明显的差异,传统的整齐划一的课程设置无法满足教师的实践需求;二是课程形式多以讲座为主,理论与实践结合不够,无法满足教师"做中学"的要求。而以该模式为行动框架所开发的课例研修类课程则促进了教师"有主题的深度参与"[①]:一是研修主题由教师基于自身的需求决定,这保证了研修能够切近教师的发展基础;二是研修目标,包括课例研修的课程目标以及每次活动的具体目标,由课例研修共同体精心设计、反复调整,以贴近其最近发展区;三是研修方案的设计与实施以课例研究的方式展开,不仅执教者注意在教学中贯彻研究的意图,观摩者也围绕研修主题深度参与,收集证据,磨砺观察技术,增长实践知识;四是将撰写观课报告和课例研究报告作为研修课程的作业或评价内容,鼓励通过成果表达促进个人知识的显性化。

---

① 王丽琴. 2017 年上海市教学成果奖一等奖成果报告"课例研究课程化的实践探索",未发表。

通过合作开展课例研究,协助广大一线教师专业成长一直是区县或省市教师研修机构的重要职责和工作方式,但过去限于专业指导力量的不足,这类有价值的专业发展活动很难惠及所有教师。借助以学习为中心的课例研究模式,开发课例研究类的研修课程,推进课例研究课程化,并通过现场观摩或网络平台,使更大范围内的教师参与和激发他们学习的主动性与内生性成为可能,教研训一体化的研修局面由此得以实现。同时,它也成为区域教师研修机构人员与基层教师平等合作、互补发展的有效机制,对重塑教研员等教师专业发展指导者的专业形象,建构二者作为研修共同体的合作关系起到了重要的推动作用。

总之,上述多元应用途径的探索最大化地发挥了课例研究的功能,成为以学习为中心的课例研究模式的一个重要特征。

第三编

作为教学变革工具的课例研究

第七章　课例研究推动教学变革的机理与路径

在一个变革时代，教育变革究竟采取何种方式更为有效？富兰（Fullan，M.）、史莫克（Schmoker，M.）等教育改革研究专家在最近的研究中明确指出，仅限于宏观的策略规划和学校整体变革的努力多半是无效的，只有每个课堂的教学有所改善，教育改革才会有真的突破。[1][2] 课例研究无疑是能促进课堂层面的变革的最有效的模式。因此，课例研究在作为课堂研究方法和教师专业发展路径的同时，还成为教学变革的重要工具。本章首先通过梳理课例研究推动教学变革的内在机理，揭示其作为教学变革行动过程的本质属性，而后以 Y 区的课堂转型实践为例，描述 Y 区以课例研究为载体推动课堂转型的实践过程并分析其路径特征。

第一节　课例研究推动教学变革的机理

如引言中所述，课例研究支撑了"在教学中的变革运动"，但这种支撑是借助课例研究的哪些属性予以实现的呢？揭示这一点有助于明晰课例研究推动教学变革的内在机理，为恰当运用课例研究这一工具推动教学变革奠定基础。本节拟从课例研究如何重建作为变革动力的教师专业准则和身份、定位变革愿景形塑的现实基础、提供支撑教学变革的资源库和知识库、作为检验变革效果的反馈回路四个方面展开论述。

---

① ［加］迈克尔·富兰，彼得·希尔，卡梅尔·克瑞沃拉. 突破［M］. 孙静萍，刘继安译. 北京：教育科学出版社，2009：14.

② Schmoker，M.（2004）. Tipping Point：From Feckless Reform to Substantive Instructional Improvement. Phi Delta Kappan，85(6)：424-432.

一、重建作为变革动力的教师专业准则和身份

教师拥有何种专业身份,取决于他如何回答教与学是什么、教师是谁、教师应该做什么等问题。如果没有专业身份,教师教学会面对大量不确定性以及随之而来的教学效率低下等问题,新教师也难以建立教师认同。

已有研究表明教师行业中存在包含三种主义的传统专业准则,他们分别是个体主义、保守主义和现实主义①。这三种准则会妨碍教师间的相互学习、教师改进自己的教学,以及通过课例研究发展其专业知识。

课例研究有助于建立学习共同体(或者说教师在学习共同体中参与课例研究),发展或再发展教师的专业身份,知道作为教师的自己是谁,应该如何和学生以及同事相处;有助于推动教师从身份的专业化转向教学的专业化,不断超越自我,改善自己的专业实践;有助于教师超越眼前的教学利益,不断反思教学促进学生发展的价值。概言之,课例研究的开展有助于打破教师的传统专业准则,树立教师新的专业感(a Sense of Professionalism),即有责任支持所有学生的服务伦理②。

(一) 打破个人主义

个人主义强调权利的优先性,强调自我的自觉能力和独立性,强调自我免受制约的自由。从这个意义来说,教师个人主义文化主要是指"教师个人要求尊重专业自主权、承认个体实践性知识的价值和实现专业的自我发展"。③ 从教师专业发展角度来看,"个人主义教师文化阻碍了教师之间的知识分享,不利于教师专业知识的积累与改善;导致了教师封闭的心智模式,不利于教师批判性反思能力的培养;导致了教师职业孤独,不利于教师获得外界的情感支持。"④

通过在学习共同体中开展课例研究,学校教师学会了重视实际合作的过程,而不囿于传统的教师个人单打独斗的状态。在课例研究之前,教师虽然也会合作讨论和分享教学,但这种讨论和分享仅仅意味着把自己的教案、课件等相关文本材料发给其他教师或在学校教研活动上作个介绍或报告,这和我们所要追求的"实际合作"的意义显然不同。课例研究之后,教师才真正意识到并开始重视共同发展教学以及认识到课与

① Lortie, D. C. (1975). School teacher: A Sociological Study [M]. Chicago: The University of Chicago Press.

② Lieberman, J. (2009). Reinventing Teacher Professional Norms and Identities: the Role of Lesson Study and Learning Communities [J]. Professional Development in Education, 35(1): 83-99.

③ 姜新生. 从个人主义到自然合作:教师文化的理性建构[J].教师教育研究,2010,22(3):5—9.

④ 邓涛,孙启林.论个人主义教师文化及其变革[J].比较教育研究,2007(6):26—30.

课之间的不同。

当教师愿意在团队面前暴露自己的缺点与不足时，才表明真正实现了开放，这种开放能促进教师间的交流学习和合作共享。即使是经验丰富的教师也有缺乏的学科知识，即使是刚入职的新教师也有值得学习的部分，当教师们发现并正视自己的不足，就是际遇了成长发展的机会。教师通过互相听评课或视频分析会议认识到自己的不足，并在此基础上改进自己的教学实践，在这样一轮轮迭代更新的课例研究过程中，教师也在一遍遍地感受并习得这种多元开放和持续改进的准则。

当然，需要强调的是，在课例研究中，学习共同体中的教师不仅仅是分析彼此如何教，而且更重视在一个特定的主题以及特定教学目标下学生的学习情况。没有共同目标和共同主题的观察或讨论是难以有生产性的，或者说教师是难以有效得到专业发展的。当学习共同体在课例研究中围绕一个共同目标或共同主题展开探究时，合作解决问题的氛围、多样化观点的分享以及对学生学习和教师教学的深度理解，无不促进教师合作意识的萌生和开放心态的养成。概言之，课例研究的经历和体验有助于突破个人主义的传统专业准则。

（二）打破保守主义

保守主义的教师会根据自己当初如何被教的来教自己的学生，不会选择冒险和创新。他们拥有一套已经成为惯例的教学程序和任务，例如检查家庭作业，解释如何执行一个新技术并且让学生练习这个技术①。

在学习共同体中开展课例研究，教师能够学习到专业身份的另一方面，就是批判性地设计教学并且自己有自信去完成它。批判性设计教学不仅意味着提前计划准备，也意味着观察一节课是怎样与学生一起实现的。在课例研究中，教师不仅观察教，也观察学生怎样学习、怎样思考问题。如果没有观察学生，教师无法预见或预设学生使用的各种策略或遇到的困难。教师对学生的观察和思考能促进自己批判性地设计教学。

这样的批判性教学自然会打破保守主义，也充满不确定性和风险，因为这样的教学充分让学生创造和选择多样的策略，师生在学习过程中共同确定目标、选择活动、实现成长。而教师的教学目标也从着眼于理解本门课程的具体内容走向让学生建构属于自己的知识框架，进而帮助学生解决真实情境中发生的复杂问题。课例研究能使教

---

① Mclaughlin, W. & Talbert, J. E. (2001). Professional Communities and the Work of High School Teaching. Chicago, IL: The University of Chicago Press.

师意识到,一门课是过程而非结果,分析一门课的目的是使得共同体成员能够在对学生学习的观察、课例的探讨过程中持续改进教学。课例研究因而具有了"实验"的属性,不断引导教师尝试新的教学策略,推动教师改变自我,打破保守主义的专业准则。

(三)打破现实主义

教学中的现实主义指的是以为了获得即时的回报而使用短期或即时的目标的方式来开展教学。秉持这一观念的教师更为关注教育的短时目标或即时价值,忽略其深入性与长期性。而通过在学习共同体中开展课例研究,可以在一定程度上打破上述所说的现实主义,长远地看待学生发展和教育本身,具体表现在以下两个方面。

一方面,学习共同体与其他共同体不同的特点是,学习共同体要教师理解并明确为什么教师要以某种特殊的方式进行教学。这就意味着教师不仅仅要知道他所观察的课堂中的那位教师是如何教的,也要知道他为什么这样教,背后的长期目标和教学信念是什么。具体而言,教师会参与整个课例研究的始终,即从课前到课中再到课后的全过程,分享各自具体教学实践背后的理念。对新教师而言,常常可以直接询问来得知他人的实践背后的理念,这就使得教师在课例研究的过程中能够更客观、全面且深入地了解到教师教学行为表象背后的深层次原因和思考。

另一方面,在学习共同体中,教师们会为了长期的目标来思考各自的教学目标和实践。课例研究可提供给教师们这样一个彼此分享、交流学习长期目标和指导备课的教学意图或原则的机会。在讨论过程中,教师会自然反思指导教学的原则:课堂教学不应当仅仅关注知识技能的习得,而应当有更长远的眼光与思考;学生需要在不同概念之间建立联系;教师不需要直接告诉学生如何学会某个知识概念,而应该更多地提供给学生独立思考的机会,并帮助其提升独立思考的能力;学生在合作学习中能够学得更好,等等。这些原则也可以说是课的目标,教师们在讨论这些目标以及课如何能达到这些目标的过程中,充分显示了自己新的专业身份——教意味着支持学生[①]。专业身份的觉醒意味着他们开始践履教师职业的终极使命。

二、确立形塑变革愿景的现实基础

(一)依托课例研究确立变革愿景形塑的实践来源

任何变革都面临"向何处去"的愿景规划问题。传统上,变革愿景的规划通常被看

---

① Yee, M. L. (1990). Careers in the Classroom: When Teaching is more than a Job [M]. Teachers College Press.

作是一个理性的过程,这一过程基于如下假定:"未来的事情可以规划,计划可以变成行动,并且如果严格地执行计划,那么计划中的目标将会实现。"①很显然,这种变革始于愿景的观点,将变革视为预定方案执行的过程,而无视变革过程的复杂性。国内外教育变革的众多案例一再证明,变革是非线性的复杂过程,"愿景——执行——达成"的线性思维模式几乎毫无成功可能②。一些教育变革专家明确指出,"上级不应该明确地命令应该做些什么,而应该让每一位教师自己来决定应该实施革新中的哪些组成部分,以及实施到什么程度……由变革过程的领导者来决定革新进行改变所能被接受或鼓励的范围,这是极端不正常的"。③ 基于此,无论是区域还是学校,在教学变革愿景的形塑中都不应另起炉灶、凭空发明,而是要基于课例研究的真实发现和实证数据,系统梳理课堂教学存在的问题和危机,在提取已有教学经验和积累的基础上与政策诉求和理论趋势整合,以凝聚变革方向和形塑变革愿景。唯此才能使教学变革的愿景具有扎实的实践来源。借助课例研究所实现的自下而上的愿景形塑过程,不仅有利于降低变革的摩擦成本和实施成本,而且有助于释放基层活力,从而使变革更易发生。

(二)借助课例研究实现变革愿景的持续生成和校本表达

教学变革,无论其最初推动者是国家还是地方,最终都需要落实到学校教师的课堂实践方可确认变革真正发生与否。在愿景形塑时我们可能要综合考量政策需求、理论依循和现实需求等,尤其应通过课例研究发现教师课堂教学中存在的普遍问题、了解学生对教师课堂教学的满意度情况等。正是在此意义上,课例研究是变革愿景形塑的实践来源。那么,在学校层面,则需要在共同愿景的基础上,立足本校实际,以符合学校文化精神追求、适合班级学生学习特点和解决教师个人教学问题为根本出发点,通过学校不同学习共同体开展课例研究的真实情况确定校本教学的问题、经验和改进方向,制订适合学校具体情境的变革目标,并借助课例研究推进这一变革目标的实现,也即对共同愿景进行个性化的思考和校本化的表达。富兰说过:"共同愿景和主人翁感是高质量变革过程的结果而非前提条件。"④上述变革愿景的调整与演化过程构造

① Inbar,D. E. 等. 教育政策基础[M]. 史明洁等译. 北京:教育科学出版社,2003:25.
② 安桂清,张雅倩. 区域课程领导力提升的个案研究——以上海市杨浦区的实践探索为例[J]. 中国教育学刊,2018(5):73—79.
③ 吉纳·E·霍尔,雪莱·M·霍德. 实施变革:模式、原则与困境[M]. 吴晓玲译. 杭州:浙江教育出版社,2004:198.
④ 迈克尔·富兰. 变革的挑战:学校改进的路径与策略[M]. 叶颖,高耀明,周小晓译. 北京:北京大学出版社,2013:9.

了变革的突破路径。

三、提供支撑教学变革的资源库和知识库

课例研究推动教学变革的另一大机理就在于它能建构支撑教学变革的资源库和知识库，从而提供教学变革所需要的知识基础，并实现对教学变革成果的辐射与推广。传统上，教师即使在实践中进行反思并形成了一定的教学经验，但由于是个人探索的结果，缺乏交流沟通的渠道，所以这些经验并不能获得很好的检讨和传播。在此情境下，教学日益成为一个"孤立"的专业，大多数教师处于孤军奋战的境地。通过课例研究可以开发出许多不同学段学科的课例，围绕相关主题的课例能引发教师们主动分享教学经验、讨论教学问题的愿望。从这个意义上说，课例研究能够形成教学研究的资源库和知识库，将此作为教师的认知支架，可为教师们在学习共同体内分享和吸收经验提供知识平台。所以有别于传统的教研活动，课例研究的最终目标不是局限于促进一堂课的教学改进，也不是为了促进教师个体的专业发展，而是旨在推动整个教师共同体的专业水平的提升。

（一）提供专题性的教学资源库

首先，课例研究能形成与各个学科相匹配的各种类型的、专题性的资源库，针对教学实践中的特定问题为教师提供有效的资源支撑。从素材上看，课例研究过程中形成的能反映和鼓励学生思考的教学设计和评价方案、制作精良的课件、支持学生学习的工具、拍摄的课堂教学录像、撰写的课例研究报告等都可以纳入资源库范畴，为其他教师优化教学提供参考性资源和借鉴，满足教与学的需求。从专题性来看，与传统的教研活动缺乏主题规划不同，课例研究通常是围绕一定主题展开的，教师团队依据学科课程标准的要求和实际教学中遇到的问题确定研究的系列主题，例如如何提供有效的学习支撑、如何践行促进学习的评估、如何反思与改进教学、如何帮助学生运用学习策略等，展开课例研究。学校或区域可将课例研究的数据资料进行专题化组织，形成主题明确、内容丰富的教学资源库。教师在使用这些资源库时，可以对同一主题的一系列具体课例加以比较和对照，提取其中的经验用于完善自己的教学，或者借助这些经验开展同类主题的课例研究，以实现教学资源库的共建共享，使之不断丰富和发展，为教学变革提供充分的知识基础和资源支撑。

（二）提供关于如何教学的知识库

除多样化、主题性的教学资源库外，课例研究也为建构教师专业发展的知识库奠

定了基础。由于课例研究生产了许多关于"如何教学"的知识,而且借助研究过程,这些知识被证明对解决教学实际问题、发展学生的学习确有助益。借助课例研究知识库的打造,可以丰富教师的教学知识,提高教师运用这些知识解决真实教学情境中的问题的能力,发展教师的实践智慧。

美国学者舒尔曼指出,教师专业知识应该由三类知识构成:一是原理规则的知识,二是专业的案例知识,三是运用原理规则于特殊案例的策略知识。其中作为案例知识的课例是教师知识结构系统中不可缺少的重要部分,它融合了"特定的儿童认知"(Cognition Specific)、"特定的教材内容"(Content Specific)和"特定的课堂语脉"(Context Specific)。课例研究的资源库可以提供这类知识。而课例研究的知识库所提供的则是第三类知识——运用原理规则于特殊案例的策略知识。由于教学实践是由教师的缄默信念所支撑的,不通过系统的证据收集对这些信念作出检讨,便无法形成创造教学法知识的基础。课例研究通过迭代循环的研究过程,不仅有助于揭示教师教学策略背后所秉持的原理规则,更能检验这种教学策略的实际效能,因而课例研究有助于建构围绕某一主题的教学策略的知识库。教师在实际教学情境中通过实践积累的经验与技能大多是高度个人化的知识,以隐性知识存在着,不易表达和分享。课例研究所形成的关于如何教学的知识库,挖掘并汇聚了教师的隐性知识。教师通过研究、体味和运用这些策略知识,有助于改善自己的日常教学。正如资源库一样,课例研究的知识库同样需要在实践中不断拓展,这依然需要借助教师新的课例研究予以实现。

课堂教学深具情境性和复杂性,教师的专业实践无法通过运用现成的教育理论和技术或依循固有的教学模式和方法实施"好"的教学,唯有借助课例研究资源库和知识库的支撑,通过自身的反思性实践持续改进教学,才能达到理想的教学效果。

四、作为检验变革效果的反馈回路

教学变革究竟在多大程度上予以发生,这仍需要通过课例研究加以实践检验。不论在微观层面上看教师在日常教学中是否有持续的改进,还是在宏观层面上看一个学校或一个区域的课堂教学是否有所改进,都需要借助课例研究所提供的实证数据予以判断。所以课例研究作为检验变革效果的反馈回路,有助于我们了解变革的程度和新的变革方向。

纵观各个国家和地区所开展的课例研究,虽然在操作模式和具体流程上不尽相同,但大体是教师团队围绕一个或几个主题,对日常的课堂教学进行循环的思考与反馈,将宏观的教育教学原理与具体的课堂教学和学生学习结合起来,立足于课堂检验教和学的效果,并在检验的基础上促进教学改进和提升学生的学习结果。作为一种检验变革效果的反馈回路,课例研究具有其他反馈途径所不具备的优势:一是提供过程性证据。不像对教学变革实施效果的结果问卷,课例研究能够提供变革发生的过程证据,如教师是如何开展学情分析的,如何设计教学的,教学实施过程是怎样的,学生学习结果如何,不同轮次的教学中教学是否真的有所改进,所有教学变革发生的微观过程都可通过课例研究的观察过程加以记录,并通过研讨和研究过程获得理解。二是提供多重视角的证据。在课例研究中,由于每轮教学都有同行或专家共同观课,进行课堂观察记录,同时摄像者可能全程进行课堂教学录像,提供课堂教学的真实面貌,另外还将收集对学生进行后测与访谈的数据,这些来自于多个主体、不同类型的记录为判断教学变革的发生提供了多重视角的证据。三是提供实证性的证据,无论是量化证据还是质性证据的收集,课例研究都是在真实的课堂情境中进行的,同时对如何收集、如何记录以及如何分析证据,课例研究也有着明确的规定和严格的规范,能够为教学改进提供强有力的依据。

在教学变革的推进中,无论是学校还是区域都应有意识地借助课例研究,全面收集课堂教学的相关信息,注重反映课堂运作的真实状况,以此判断课堂变革的发生程度、困难所在和可能方向,使课例研究成为检验变革效果、推动变革深化的重要反馈回路。

第二节 课例研究推动教学变革的路径
—— 以上海市 Y 区推进课堂转型为例

由于课例研究在本质上即是教师日常教学中的变革行动,所以学校层面的教学变革借助课例研究的开展可以更有效地得以落实。近几年,随着课程改革步入深水区的探索,不仅在学校层面课堂教学转型成为变革的聚焦点,各级的教育行政部门和教研部门也从各自的职责出发,积极探索区域性课堂教学转型的经验。课例研究作为课堂变革的重要工具亦推动了区域层面的课堂转型。本节以 Y 区的课堂转型实践为例,阐述课例研究在推动区域教学变革中的做法及其特征。

一、以课例研究为工具推进课堂转型的区域实践——以 Y 区为例
由于课堂教学是一种反思性实践而非技术性实践,区域课堂转型的推进因而不能凭借一种既定的指标体系去告诉教师"应该怎样",而需依靠教师的智慧实践加以情境应对。基于此,在 Y 区推进课堂转型过程中,从理论框架到具体实践,由部分试点校、实验校的先试先行到全区各校的整体推进,都离不开以课例研究为实施中介的课堂变革实践路径的有效运作。同时课例研究的实施还成为教研员、学校学科教学领航人员、学科教师所组成的变革共同体的形塑过程。

首先,借助课例研究激发教师的认知冲突,形塑教师变革的决心。为启动变革,Y 区区教研室通过组织走访学校、开展课例研究、与校长教师座谈或访谈、问卷调查等方式了解学校课堂教学的现状,引导教师真切认识课堂教学所存在的高耗低效问题。同时,要求全区各校就学生对课程和课堂的满意度展开调查,这些实证性的证据作为一种危机论述,让教师体会到问题的紧迫性和改革的必要性。但是,当校长和教师通过调研数据的反馈发现课堂教学中存在的问题,与学生需求有所矛盾或与当前倡导的课堂教学理念存在冲突时,很多教师并不能意识到问题症结所在,这时教师内在的实践自觉就显得尤为重要。通过课例研究,当教师自我知觉到原有教育观念和课堂教学方式与社会发展和儿童健康成长的不相适应,并试图通过研究去解决两者之间的矛盾时,课堂变革才能真正启动。所以课例研究为课堂教学变革内驱力的生成提供了契机。

其次,借助课例研究提取教学经验,提供区域变革愿景形塑的实践资源。确定"课堂变革势在必行"后,"课堂变革向何处去"成为新的变革之问。Y 区在各校基于调查结果开启教学改进活动之际,最初所做的是动员各方力量,形塑课堂转型的指导框架。通过引导各校开展课例研究,总结、提炼、概括校本优秀教学经验,试图将区域教学的优势加以显性化和放大化,同时通过面向一线教师征集愿景关键词,收集教研员"课堂转型之我见"的观点,邀请大学研究人员展开理论归纳和演绎等方式,Y 区初步构建了区域课堂转型的理论框架,为课堂变革勾勒出一个具有引领性功能和参考性价值的信念系统。显然,课例研究为作为变革愿景的这一信念系统的形成奠定了实践基础。

第三,借助课例研究转化区域变革愿景,生成学校课堂变革方案。区域课堂转型的理论框架虽然为区域教学变革提供了一个引领性、策略性的参考文本,但就学校而言,由于各校的教学基础、层次不一,教学文化千差万别,需要在共同愿景的基础上,立足本校实际找准优势、发现差距,制订适合各自学校实际情况的教学变革方案。而这离不开变革共同体中学校学科教学领航人员的示范引领作用。学校教学领航人员通过带动各学科教师形成专业发展共同体,立足学校实际开展课例研究,寻找课堂变革的着力点和突破口,探索校本课堂变革的实施路径和操作策略,从而明确本校课堂变革的具体方案。只有变革方案真正符合学校文化的精神追求、适合班级学生的学习特点并能解决教师个人的教学问题,课堂变革才能有扎实的实践土壤,而这些都需要贴近教学的课例研究的支撑。

第四,借助课例研究实现变革愿景向变革实践的转化,促进课堂变革落地。一方面,教研员通过课例研究编制学科教学指南,为学校教师实践课堂变革的理论框架提供细化的策略支架,实现中观层面的框架转化。学科教学指南由基本理念、实践框架、实施建议和实践案例四个部分组成。其中,所有实践案例都是学科教研员带领本学科中心组成员,基于课堂转型的理论框架,通过合作开展课例研究而开发的。为落实学科教学指南,区域激活校本研修、区校研修和学科研修基地研修的局面,通过校本研修小组、校际教研联合体等开展的课例研修活动,实现学科教学指南与课例开发的有效互动,从而建构课堂转型的实践路径。同时,通过合作研究亦有助于建构全体卷入式的实践共同体,带动全区中小学教师主动投入课堂变革。在学校层面,学科教师以课堂转型的理论框架为指导,依据学科教学指南和学校课堂变革的具体方案,基于执教年级特征和学生学情,与教研员和学校学科教学领航人员共同合作,借助课例研究的方式,尝试开发优秀课堂表现样例。在表现样例的开发中展开一轮又一轮迭代更新的课堂实践。

最后,借助课例研究建构区域课堂变革的资源包和知识库,推广变革成果。为使区域课堂变革的理念与做法辐射到更大的范围,Y区借助课例研究的方式,从理论框架出发,依托学科教学指南的策略指引,鼓励学校教师开发课堂表现样例(包括教学设计、视频、课件、教师说课稿、课例或案例研究报告五部分)和课堂教学资源包(包括课堂实录、教学点评、教学设计、课后反思四部分)。这些表现样例和资源包成为课堂转型优秀研究成果拓展到全区各校的实践载体。过去几年中,区教育学院教研室将这些资源刻录成光盘并推送给各个学校,让教师对课堂变革的优秀实践有更直观的观感,而不是仅仅停留在理论框架层面的倡导。上述资源使优秀教师经验的提炼转化为其他教师可资借鉴的实践规范,从而对教学变革起到了良好的"中介"支撑作用。这是一种与教师专业发展路径相吻合的课堂变革推进路径。同时,广大教师通过进一步的课例研究又反哺这些课堂变革的资源包和知识库,教学研究人员则通过每一次反哺所形成的新的表现样例集和资源包,透析课堂教学变革的推进程度,把握课堂教学变革的未来方向,从而形成区域教学变革的良性互动局面。

二、Y区以课例研究为工具推动区域课堂转型的路径特征

由上可知,课例研究在Y区推进课堂转型中被作为多种工具发挥了多样化的功能。总体上,借助课例研究推动区域变革的实践路径体现出如下特征。

(一)通过课例研究实现变革愿景与变革实践的双向匡正

在变革愿景形塑过程中,仅凭单纯的实践经验萃取或单纯的专家学者理论演绎都是不够的,更关键的是要实现理论与实践的相互勾连、持续对话、双向匡正,进而形塑既立足区情又具有理论支撑的课堂变革愿景,才能为教师提供科学的理论去解构旧有观念,使观念转变建立于理性的层面。Y区的课堂变革愿景的形塑过程,注重通过课例研究把握课堂教学存在的先进经验、实际问题和发展方向,从而使得专业研究人员能够在保持对前沿理论的前瞻性思考基础上始终保有对区域课堂教学实践田野的基本了解和持续变化的真实观感,通过不断调整完善区域课堂变革的基本蓝图和可能设想。课堂变革愿景只有基于对区域课堂原生态样本的充分观察和合理整合,才能提炼并集成教学变革的有效元素。在优秀实践经验萃取基础上,建构切合实际的、较为完善的课堂变革愿景。而这样的愿景才更容易转化为区域课堂转型的共同声音和公共话语。

另一方面,只有通过课例研究,课堂变革的公共愿景才能在日常课堂教学实践中真实落地。借助课例研究这一实践与导向系统的运用,Y区始终坚持区域层面的变革愿景只具有引领性功能和参考性价值,鼓励各校立足本校实际,制订适合学校具体情境的变革目标,依托课例研究展开实施,实现区域变革愿景向学校变革愿景的转化以及变革实践的落地。与此同时,借助课例研究所开发的表现样例和资源包扩展教学变革的成果,并在对表现样例和资源包的质量分析中反馈变革的进展,捕捉变革的方向。同时,重新反思最初形塑的变革愿景有哪些是与实践相互适应的,又有哪些是需要调整完善的,并对其进行优化与更新。

课例研究对变革愿景与变革实践的循环印证与双向匡正不仅使变革愿景的形塑具有了坚实的实践基础,更促使变革实践因为有内在驱动力的支撑得以持续发生。

(二)通过课例研究构建以学习网络为特征的区域变革共同体

变革行为的持久性和制度化期待多种利益群体的参与和协作。有学者提出,"增强人类实践活动的社会性和主体间性是化解各种'困难'的必然要求。处于'攻坚期'的教育改革,需要增强变革性实践活动的整体性、系统性和协调性,这既是人类实践活

动的内在要求,也是走出教育改革困局的必要条件。"①Y区超越仅仅视学校为变革主阵地的做法,将变革的基本单位拓展为区域各类教育社群,通过课例研究,建立和培育涵盖项目研究共同体、校际联合体、教育专业团体等多样化群体的复杂学习网络,增进不同教育团体共同参与变革,共育共生。具体表现在以下三个方面。

第一,搭建区校项目研究共同体。Y区突破传统以行政命令为主的区域变革推进模式,纠正变革的"运动化"倾向,注重以项目方式推进变革,使项目推进和课题研究的过程成为区校项目研究人员变革思想不断沉淀和变革共同体不断形塑的过程。Y区选取26所学校作为试点校、实验校先试先行,依托课例研究扎实有序地推进项目研究,不同类型的项目学校围绕相同的研究主题定期交流分享,彼此学习借鉴。

第二,建设实验校与非实验校协同发展的校际联合体。为形成区域课堂转型的共振态势,由区教育局、教育学院牵头,先后成立"教研联合体""学科高地""教育联盟""教育集团""创新实验室""学前联盟园"等区域校际教育联合体,并积极探索区域校际联合体协同发展机制。依托不同形式和不同组成单位的校际联合体的具体运作,如不同学校之间相互开放、相互联合,开展合作的课例研究,从学校孤立支撑到集体共谋发展,实现实验校与非实验校的组团发展。

第三,开掘教育专业团体的力量。变革虽然需要聚焦政策改进的优先事项,但也需要妥善管理相关利益团体。区域内的各种教育专业团体,如特级校长和特级教师联谊会、名师工作室、党性实践共同体等,作为具有专长的教育公共团体,其影响力不容小觑。Y区在推进课堂转型时,高度重视开掘区域内各类教育专业团体的力量,在变革过程中通过召开座谈会、开展工作坊培训、卷入课例研究等形式积极引导这类专业团体进行观念更新和行为改进,有意识地向其渗透区域课堂变革的理论依循和相关做法,不断提升其作为专业团体的专业性。同时,也注重依托课例研究发挥其对基层学校的专业引领作用,使之积极介入变革,成为变革的支持力量,减少变革因其受到掣肘甚至遭遇抵制的机会。

上述复杂学习网络中的各类群体通过课例研究结成教学变革的学习共同体、实践共同体和文化共同体,有助于实现区域各类群体的广阔联系和彼此渗透,从而形塑一种相互融通、协同创新的区域课堂变革氛围。

---

① 孟照海.试论深化教育综合改革的实现路径——兼论"顶层设计与摸着石头过河相结合"[J].中国人民大学教育学刊,2014(2):5—16.

（三）通过课例研究实现区域变革成果的集成、辐射与推广

为使区域课堂转型的理念与做法辐射到更大的范围，Y区借助课例研究的方式，由变革共同体合作开发建设优秀课堂表现样例和课堂教学资源包。这些成果是对区域变革成果的集成，通过在区域内的传播对课堂变革起到了很好的辐射与推广作用。特别是由区域不同群体通过课例研究开发的课堂表现样例集，成为推动课堂变革理论框架得以落实到教师课堂教学实践的有力抓手。在教师意识到变革的紧迫性、基本认同理论与实践相互作用下生成的课堂变革理论框架后，需要进入实践过程，真正意义上的变革才能发生。借助课例研究，各试点校、实验校充分发挥示范作用，率先尝试开发不同学段、不同学科的课堂表现样例，在开发过程中提炼课堂变革的实施策略，为后续全区范围内的整体推进奠定了扎实的基础。通过表现样例的系列化开发过程，学校教师在具体实践操作中真切感受到课堂变革的现实魅力。随着每年优秀表现样例结集成册，教师课堂变革的足迹以教案、PPT、说课稿、课例报告等形式被一一记录下来，这对参与变革和实践研究的教师是一种莫大的支持与鼓励。虽然物质激励很重要，但是精神上的满足感和成就感会让教师的变革之路走得更远，同时也会吸引更多的教师主动参与到课堂变革的实践中来。更重要的是，透过对不同时期开发的表现样例集的研究与分析，区域层面可以大致把握课堂变革的进展状况和实施程度，了解教师在课堂变革推进中尚需要哪些方面的专业支持，确定教学变革下一步实施的重点，这保证了区域教学变革辐射与推广的方向性与理智性，避免了区域教学变革推广的盲目性。由此，课例研究作为检验变革效果的反馈回路在Y区的变革实践中获得了充分体现。

参考文献

中文部分

1. 埃利奥特·W·艾斯纳.教育想象——学校课程设计与评价[M].李雁冰主译.北京：教育科学出版社,2008.

2. [美]爱莉诺·达科沃斯.精彩观念的诞生——达科沃斯教学论文集[M].张华等译.北京：高等教育出版社,2005.

3. 安德烈·焦尔当.学习的本质[M].杭零译.上海：华东师范大学出版社,2015.

4. 安桂清.对一堂作文课所做的教育批评.全球教育展望,2009(12)：81—87.

5. 安桂清.以学为中心的课例研究[J].教师教育研究,2013(2)：72—77.

6. 安桂清,沈晓敏.课堂观察工具的开发[J].人民教育,2010(23)：46—48.

7. 安桂清,徐晶.课例研究报告的撰写[J].人民教育,2011(2)：43—46.

8. 陈隆升.从"学"的视角重构语文课堂——基于语文教师"学情分析"的个案研究[J].课程·教材·教法,2012(4)：42—48.

9. 陈向明.教育改革中"课例研究"的方法论探讨[J].基础教育,2011,8(2)：71—77.

10. 陈向明.扎根理论的思路和方法[J].教育研究与实验,1994(4)：58—63.

11. 陈向明.质的研究方法与社会科学研究[M].北京：教育科学出版社,2000.

12. Clea Fernandez, Makoto Yoshida.课例研究[M].马晓梅,邓小玲译.石家庄：河北人民出版社,2007.

13. [美]Courtney B. Cazden.教室言谈：教与学的语言[M].蔡敏玲,彭海燕译.台北：心理出版社,2001.

14. 沈毅,崔允漷.课堂观察：走向专业的听评课[M].上海：华东师范大学出版社,2008.

15. 崔允漷.有效教学[M].上海：华东师范大学出版社,2009.

16. 邓涛,孙启林.论个人主义教师文化及其变革[J].比较教育研究,2007(06)：26—30.

17. 顾泠沅,周卫.课堂教学的观察与研究——学会观察[J].上海教育,1999(5)：14—18.

18. 顾小清,王炜.支持教师专业发展的课堂分析技术新探索[J].中国电化教育,2004(7)：1—21.

19. 韩晓玲,陈忠华.Dell Hymes 及其"交谈民族志"理论[J].烟台大学学报(哲学社会科学版),2012(2)：115—122.

20. 胡惠闵,王建军.教师专业发展.上海:华东师范大学出版社,2014.

21. Inbar,D. E.等.教育政策基础[M].史明洁等译.北京：教育科学出版社,2003：25.

22. Jacobs,G. M.，Power,M. A. & Inn,L. W..合作学习的教师指南[M].杨宁、卢杨译.北京：中国轻工业出版社,2005.

23. 吉纳·E·霍尔,雪莱·M·霍德.实施变革：模式、原则与困境[M].吴晓玲译.杭州：浙江教育出版社,2004：198.

24. [德]伽达默尔.真理与方法——哲学诠释学的基本特征.洪汉鼎译[M].上海：上海译文出版社,1999.

25. [德]伽达默尔.科学时代的理性[M].薛华等译.北京：国际文化出版公司,1988.

26. 姜新生.从个人主义到自然合作：教师文化的理性建构[J].教师教育研究,2010,22(3)：5—9.

27. 雷玲.听名师讲课语文卷(第二版)[M].上海：华东师范大学出版社,2016.

28. 李吉林,王林.情景数学典型案例设计与评析[M].北京：教育科学出版社,2012.

29. 李树英,高宝玉.课堂学习研究实践手册[M].安徽：安徽教育出版社,2011.

30. 李雁冰.课程评价论[M].上海：上海教育出版社,2002.

31. 李悦娥,范宏雅.话语分析[M].上海：上海外语教育出版社,2002.

32. 刘北成.福柯思想肖像[M].上海：上海人民出版社,2001.

33. 刘云杉.教师话语权力分析[J].南京师大学报(社会科学版),1997(3)：69—73.

34. 刘云杉等.学生课堂言语交往的社会学研究[J].南京师大学报(社会科学版),

1995(4)：59—60.

35. 卢敏玲."课堂学习研究"对香港教育的影响[J].开放教育研究,2005(3)：84—89.

36. 卢敏玲,庞永欣,植佩敏.课堂学习研究——如何照顾学生个别差异[M].李树英,
郭永贤译.北京：教育科学出版社,2006.

37. [美]罗伯特·K·殷.案例研究：设计与方法.周海涛主译.重庆：重庆大学出版
社,2004.

38. [美]马格丽特·赫姆莉,帕特丽夏F·卡列尼.从另一个视角看：儿童的力量和学
校标准——"展望中心"之儿童叙事评论[M].仲建维译.北京：高等教育出版
社,2005.

39. 迈克尔·富兰.变革的挑战：学校改进的路径与策略[M].叶颖,高耀明,周小晓
译.北京：北京大学出版社,2013.

40. [加]迈克尔·富兰,彼得·希尔,卡梅尔·克瑞沃拉.突破[M].孙静萍,刘继安
译.北京：教育科学出版社,2009.

41. 孟照海.试论深化教育综合改革的实现路径——兼论"顶层设计与摸着石头过河
相结合"[J].中国人民大学教育学刊,2014(2)：5—16.

42. 纳日碧力戈.语言人类学[M].上海：华东理工大学出版社,2010.

43. 倪小鹏.基于设计的研究方法、实例和应用[J].中国电化教育,2007(8)：13—16.

44. [英]诺曼·费尔克拉夫.话语与社会变迁[M].殷晓蓉译.北京：华夏出版社,
2003.

45. 裴娣娜.论我国课堂教学质量评价观的重要转换[J].教育研究,2008(1)：17—23.

46. 彭明辉.用课堂学习研究促进学生学习——一个基于变易理论的案例[J].人民教
育,2009(9)：41—45.

47. [美]R·基思·索耶.剑桥学习科学手册[M].徐晓东等译.北京：教育科学出版
社,2010.

48. 邵丽.具身认知视角下的学习活动设计研究[D].上海：华东师范大学课程与教学
系硕士学位论文,2018.

49. 石鸥.论教学话语与师生理解[J].湖南师范大学学报(社会科学版),1995(6)：
72—73.

50. 宋其蕤,冯显灿.教学言语学[M].广州：广东教育出版社,1999.

51. 苏以文.隐喻与认知[M].台北：台大出版中心,2005.

52. 王洁,顾泠沅.行动教育——教师在职学的范式革新[M].上海:华东师范大学出版社,2007.

53. 温雪,崔允漷.基于学历案的课堂互动研究——弗兰德斯互动分析系统的改进与应用[J].教育发展研究,2016(15—16):62—68.

54. 吴康宁等.教师课堂角色类型研究[J].教育研究与实验,1994(4):1—8.

55. 夏雪梅.以学习中心的课堂观察[M].北京:教育科学出版社,2012.

56. 肖思汉.听说:探索课堂互动的研究谱系.上海:华东师范大学出版社,2017.

57. 邢思珍,李森.课堂教学话语权力的反思与重建[J].教育科学研究,2004(12):13—15.

58. 徐辉,谢艺泉.话语霸权与平等交流——对新型师生观的思考[J].教育科学研究,2004(3):49—51.

59. 杨南昌.基于设计的研究:正在兴起的学习研究新范式[J].中国电化教育,2007(5):6 9.

60. 杨南昌,刘晓艳.具身学习设计:教学设计研究新取向[J].电化教育研究,2014(7):24—29.

61. 约翰·甘柏兹.会话策略[M].徐大明,高海洋译.北京:社会科学文献出版社,2001.

62. 张华.课程与教学论.上海:上海教育出版社,2000.

63. 张静静.寓身学习研究[D].上海:华东师范大学教育学系博士学位论文,2017.

64. 张晓佳,张凯黎,颜磊.电子书包支持的小学数学互动课堂案例研究——基于改进型的弗兰德斯互动分析系统(IFIAS)[J].现代教育技术,2015(3):29—35.

65. 钟启泉.对话教育——国际视野与本土行动.上海:华东师范大学出版社,2006.

66. 钟启泉.教育的挑战.上海:华东师范大学出版社,2008.

67. 钟启泉."教育实践学"的构筑——日本教育学者中村哲教授访谈.全球教育展望,2007(5):3—7.

68. 祝智庭.设计研究作为教育技术的创新研究范式[J].电化教育研究,2008(10):30—31.

69. [日]佐藤学.教师的挑战:宁静的课堂革命[M].钟启泉、陈静静译.上海:华东师范大学出版社,2012.

70. [日]佐藤学.静悄悄的革命——创造活动、合作、反思的综合学课程[M].李季湄译. 长春：长春出版社，2003.

71. [日]佐藤学. 课程与教师[M]. 钟启泉译. 北京：教育科学出版社，2003.

72. [日]佐藤学. 学的快乐——走向对话[M]. 钟启泉译. 北京：教育科学出版社，2004.

73. 佐藤学. 学校的挑战——创建学习共同体[M]. 钟启泉译. 上海：华东师范大学出版社，2010.

英文部分

1. Abrahamson，D. & Lindgren R. Embodiment and Embodied Design [A]. In Sawyer，R. K. (Eds.). The Cambridge Handbook of Learning Sciences [C]. New York：Cambridge University Press，2014.

2. Alexlander，S. & Anderson，M. D. (1966). An Analysis of Instructor-student Classroom Interaction [J]. Journal of Medial Education，41(3)：209 - 214.

3. Arani，M. R. S. School-Based In-Service Teacher Training in Japan：Perspectives on Teachers' Professional Development [A]. The 11th Annual Meeting of the World Congress of Comparative Education Societies [C]. Cheongiv，Korea，July 2 -6，2001.

4. Bannan-Ritland，B. (2003). The Role of Design in Research：The Integrative Learning Design Framework [J]. Educational Researcher，32(1)：21 - 24.

5. Barab，S. & Squire，K. (2004). Design-Based Research：Putting A Stake in the Ground [J]. Journal of the Learning Sciences，13(1)：1 - 14.

6. Bellack，A. A.，Kliebard，H. M.，Hyman，R. T.，Smith，F. L. (1966)，The Language of the Classroom，NY：Teachers College Press.

7. Black，J. B.，Segal，A.，Vitale，J. & Fadjo，C. L. Embodied Cognition and Learning Environment Design [A]. In Jonassen，D. & Lund，S. (Eds.). Theoretical Foundations of Learning Environments [C]. New York：Routledge，2012.

8. Bloome，D.，Carter，S. P.，Christian，B. M.，Otto，S.，& Shuart-Faris，N. (2005). Discourse Analysis and the Study of Classroom Language and Literacy Events：A Microethnographic Perspective [M]. Mahwah，NJ：Lawrence Erlbaum

Associates.

9. Brown, P. & Levinson, S. C. (1987). Politeness: Some Universals in Language Usage [M]. Cambridge: Cambridge University Press.

10. Cazden, C. (2011). Classroom Discourse: The Language of Teaching and Learning [M]. New York: Teachers of College Press.

11. Cochran-Smith, M. & Lytle, S. (1993). Inside/outside: Teacher research and knowledge [M]. New York: Teacher's College Press.

12. Cochran-Smith, M and Lytle, S. (1990). Research on Teaching and Teacher Research: The Issues That Divide [J]. Educational Researcher, 19(2): 2 – 11.

13. Collins, A. , Joseph, D. & Bielaczyc, K. (2004). Design Research: Theoretical and Methodological Issues [J]. The Journal of the Learning Sciences, 13(1): 15 – 42.

14. Djajadikerta, H. G. (2009). Facilitating Lesson Study within the Postgraduate Accounting Student Workgroup: An Australian Case [J]. The International Journal of Learning. 16(2): 287.

15. Duckworth, E. (1987). "The Having of Wonderful Ideas" & Other Essays on Teaching & Learning [M]. New York: Teachers College Press.

16. Elliott, J. Can Learning Studies Help Sustain System Wide Educational Innovation? [EB/OL]. http://www. ied. edu. hk/wals/conference07/resources/wals07/2_01122007_john. pdf, 2013 – 09 – 08.

17. Elliott, J. Towards the Creation of a Pedagogical Science: the Next Task for Lesson and Learning Study [EB/OL]. http://www. ied. edu. hk/wals/conference09/keynote_01. pdf, 2013 – 09 – 20.

18. Engeström. (2000). Activity Theory as A framework for Analyzing and Redesigning Work [J]. Ergonomics, 43 (7): 960 – 974.

19. Enyedy, N. & Goldberg, J. (2004). Inquiry in Interaction: How Local Adaptation of Curricula Shape Classroom Communities [J]. Journal of Research in Science Teaching, 41(9): 905 – 935.

20. Fenstermacher, G. , & Richardson, V. (2005). On making determinations of quality in teaching [J]. Teachers College Record, 107(1): 186 – 213.

21. Fenwick, T. J. (2004). Teacher Learning and Professional Growth Plans: Implication of a Provincial Policy [J]. Journal of Curriculum and Supervision, 19 (3): 259 - 282.

22. Fernandez, C., Yoshida, M., Chokshi, S. & Cannon, J. An Overview of Lesson Study [EB/OL]. www. tc. columbia. edu/lessonstudy/doc/AboutLS. ppt, 2013 - 09 - 12.

23. Flanders. Interaction and Feedback: A Preparation for Teaching [J]. Journal of Teacher Eduction, 2011, 14(3): 45 - 49.

24. Gee, J. (1996). Social linguistics and literacies: Ideology in discourses (2nd ed.) [M]. Philadelphia: Falmer Press.

25. Giroux, H. A., Penna, A. N. & Pinar, W. F. (Eds.)(1981). Curriculum & Instruction [M]. Berkley: McCutchan.

26. Goody, E. N. (1978). Questions and Politeness [M]. Cambridge: Cambridge University Press.

27. Hall, J. & Walsh, M. (2002). Teacher-student Interaction and Language Learning [J]. Annual Review of Applied Linguistics, 22: 186 - 203.

28. Haneda, M. (2005). Some Functions of Triadic Dialogue in the Classroom: Example from L2 Research [J]. Canadian Modern Language Review, 62(2): 313 - 333.

29. Hopkins, D. (2008). A Teacher's Guide to Classroom Research [M]. Maidenhead: Open University Press.

30. Klemmer, S. R. & Takayama, L. How Bodies Matter: Five Themes for Interaction Design [EB/OL]. http://bjoern. org/papers/klemmer-dis2006. pdf, 2017 - 04 - 24.

31. Kupferberg, I. & Green, D. (2005). Troubled Talk: Metaphorical Negotiation in Problem Discourse [M]. Berlin: Mouton de Gruyter.

32. Kupferberg, I., Shimoni, S. & Vardi-Rath, E. (2009). Making Sense of Classroom Interaction via a Multiple-method Design: Social, Experiential and Epistemological Dimensions [J]. Linguagem Em Curso, 9(1): 81 - 106.

33. Lewis, C. (2009). What is the nature of knowledge development in lesson study?

[J]. Educational Action Research, 17(1): 95 - 110.

34. Lewis, C. C., Takahashi, A., Murata, A. & King, E.. Developing "The Eyes to See Students": Data Collection During Lesson Study. http://www.lessonresearch. net/NCTMa2003. pdf, 2012 - 10 - 1.

35. Lieberman, J. (2009). Reinventing Teacher Professional Norms and Identities: the Role of Lesson Study and Learning Communities [J]. Professional Development in Education, 35(1): 83 - 99.

36. Lortie, D. C. (1975). School teacher: A Sociological Study [M]. Chicago: The University of Chicago Press.

37. Macbeth, D. (2003). Hugh Mehan's Learning Lessons Reconsidered: On the Differences Between the Naturalistic and Critical Analysis of Classroom Discourse [J]. American Educational Research Journal, 40(1): 239 - 280.

38. Manen, M. V. (2002). Writing in the Dark: Phenomenological Studies in Interpretive Inquiry [M]. London: The Althouse Press.

39. Matoba, M. Ethnography & Participant Observation Approaches in Lesson Study. [EB/OL], http://www. ied. edu. hk/wals/lsconference/pdf/day2/Japan/matobHKa2006. pdf, 2013 - 09 - 10.

40. Matoba, M. Improving Teaching and Enhancing Learning: A Japanese Perspective [A]. The First Annual Conference on Learning Study [C]. Hong Kong: The Hong Kong Institute of Education, December1 - 3, 2005.

41. Matoba, M. & Arani, M. R. S. Transnational Learning: A Review of Lesson Study in Japan [EB/OL]. http://www. ied. edu. hk/wals/lsconference/1st/pdf/DrArani_Day2. pdf, 2013 - 09 - 04.

42. Matoba, M. et al. (Eds.), Lesson study: International Perspective on Policy and Practice [C]. Beijing: Educational Science Publishing House, 1999.

43. Mclaughlin, W. & Talbert, J. E. (2001). Professional Communities and the Work of High School Teaching. Chicago, IL: The University of Chicago Press.

44. Myers, M. (1985). The Teacher-researcher: How to Study Writing in the Classroom [M]. Urbana, IL: National Council of Teachers of English.

45. Nguyen, D. J. & Larson, J. B. (2015). Don't Forget about the Body: Exploring

the Curricular Possibilities of Embodied Pedagogy [J]. Innovative Higher Education, 40(4): 331 - 344.

46. Park, S. & Oliver, J. S. (2008). Revisiting the Conceptualisation of Pedagogical Content Knowledge (PCK): PCK as a Conceptual Tool to Understand Teachers as Professionals [J]. Research in Science Education, 38(3): 261 - 284.

47. Price, S. , & Rogers, Y. (2004). Let's Get Physical: The Learning Benefits of Interacting in Digitally Augmented Physical Spaces [J]. Journal of Computers and Education, 15 (2): 169 - 185.

48. Rambusch, J & Ziemke, T. The Role of Embodiment in Situated Learning [EB/OL], https://www. researchgate. net/publication/228760284, 2017 - 05 - 12.

49. Rex, L. , Steadman, S. , & Graciano, M(2006). Researching the Complexity of Classroom Interaction [A]. Green, J. L. , Camilli, G. & Elmore, P. B. (Eds.). Handbook of Complementary Methods in Education Research(3rd edition) [C]. Washington, DC: AERA, 727 - 771.

50. Richardson, V. (Ed.) (2001). Handbook of research on teaching (Fourth Edition) [C]. Washington, DC: American Educational Research Association.

51. Ricks, T. E. Process Reflection during Japanese Lesson Study Experiences by Prospective Secondary Mathematics Teachers [J]. Journal of Mathematics Teacher Education, 14(4): 251 - 267.

52. Schaefer, R. J. (1967). The School as a Center of Inquiry. New York: Harper and Row.

53. Schmoker, M. (2004). Tipping Point: From Feckless Reform to Substantive Instructional Improvement. Phi Delta Kappan, 85(6): 424 - 432.

54. Shavelson, r. j. , Philip, D. C. , Towne, L. & Feuer, M. J. (2003). On the Science of Education Design Studies [J]. Educational Researcher, 32(1): 25 - 28.

55. Schmoker, M. (2004). Tipping Point: From Feckless Reform to Substantive Instructional Improvement [J]. Phi Delta Kappan, February 85(6): 424 - 432.

56. Schwab, J. (1969). The Practical: A Language for Curriculum [A]. Westbury, I. & Wilkof, N. (1978). Science, Curriculum, and Liberal Education (Selected Essays) [C]. Chicago: The university of Chicago press, 304 - 312.

57. Slattery, P. (1995). Curriculum Development in the Postmodern Era [M]. New York & London: Garland Publishing.

58. Smith, N. Role of Assessment in a Differentiated Classroom [EB/OL]. http://daretodifferentiate. wikispaces. com/file/view/RoleofAssessmentinaDifferentiatedClassroom_Handout. pdf, 2012 – 10 – 20.

59. Stewart, R. A. & Brendefur, J. L. (2005). Fusing Lesson Study and Authentic Achievement: Model For Teacher Collaboration [J]. Phi Delta Kappan, 86(9): 681 – 687.

60. Stigler, J. W. & Hiebert, J. (1999). The Teaching Gap: Best Ideas from the World's Teachers for Improving Education in the classroom [M]. New York: The Free Press.

61. Wang, F. & Hannafin, M. J. (2005). Design-Based Research and Technology Enhanced Learning Environments [J]. Education Technology Research and Development. 53(4): 5 – 23.

62. Whinney, B. M. (2000). The CHILDES Project: Tools for Analyzing Talk (3rd Edition) [M]. Mahwah, NJ: Lawrence Erlbaum Associates.

63. Wolf, J. (2005). Lesson Study in the United States [A]. The 1st Annual Conference on Learning Study [C]. Hong Kong: The Hong Kong Institute of Education, December 1 – 3, 2005.

64. Wolf, J. M. & Akita, K. (2007). Researching Lesson Studies: Possibilities, Emergent Trend and Three Directions, A Preliminary Analysis [A]. The Tokyo University Conference on Lesson Study [C]. Tokyo, Japan, May 21 – 22, 2007.

65. Yee, M. L. (1990). Careers in the Classroom: When Teaching is more than a Job [M]. Teachers College Press.

66. Yoshida, M. 1999. Lesson Study: A Case Study of a Japanese Approach to Improving Instruction through School-based Teacher Development [D], University of Chicago.